EL RENDIMIENTO Y LA EFECTIVIDAD DE LA FUERZA DE VENTAS: UN ESTUDIO EMPIRICO

F. Javier Fuentes Merino

Autor: Francisco Javier Fuentes Merino.

© Tentanda, SLU.

ISBN 978-1-4716-0382-2

Agradecimientos

Después de haberme licenciado en Administración y Dirección de Empresas, haber participado como cofundador en la creación del Grupo Redes de Venta Proactiva y todas sus filiales, haber escrito mi primer libro, "Cooking Sales: vender más y mejor", y multitud de artículos sobre la materia en la que, humildemente, me considero experto: la dirección de ventas, mi doctorado siempre ha sido un gran reto académico para mí.

No es lo mismo dirigir un grupo de forma profesional, como hago día a día, o impartir las asignaturas de marketing que imparto en grado y posgrado, que "cambiarse el sombrero profesional por el puramente académico". Es por esto que quiero mostrar mi agradecimiento por su colaboración en este trabajo, como dicen en derecho: "A título enunciativo pero no limitativo", a las siguientes personas:

- Ángel Fernández Nogales, por su impulso.

- Mónica Gómez Suárez, por ayudarme a "cambiar al sombrero académico".

- Charo Negueroles, por hacer de cicerone en los procedimientos.

- A mi familia, por su paciencia.

- A las personas que trabajan cerca de mí en el Grupo Redes de Venta Proactiva, por enseñarme desde España, Portugal, México, Chile y Brasil, las diferencias en ventas entre países y cómo se puede aprender con la experiencia día a día.

- A mis compañeros de Departamento en la UAM, por animarme siempre a continuar.

- A mis alumnos, por hacerme aprender día a día.

- A todas las personas que han participado en los estudios empíricos, porque muchos, sin darse cuenta, han hecho posible este trabajo.

- A todas las personas que trabajan en ventas, día a día, por hacer que las empresas anden a diario.

Indice

1. Introducción

Para entender el marketing del siglo XXI, como en cualquier disciplina, hay que echar la vista atrás y comprender la historia en el siglo XX, ya que éste fue un siglo de numerosos cambios en el comportamiento del ser humano. Si pensamos en la física, los avances fueron numerosos, desde Einstein hasta Bohr pasando por la "teoría del todo", si hablamos en computación, el último siglo fue el período del nacimiento de la computación moderna, de la informática y de la comunicación electrónica masiva. Si nos referimos a la geología, el siglo XXI es el siglo del nacimiento de la teoría de tectónica de placas, y así podríamos seguir con la genética, la biología molecular y con prácticamente todas las disciplinas científicas. Es obvio que un siglo son cien años, tantos años dan para mucho, pero nunca, en la historia, dieron para tanto como en el siglo XX.

El siglo XX fue el siglo que vio nacer al marketing como disciplina empresarial y científica. El marketing como tal nace después de la Segunda Guerra Mundial, no obstante, que no se conociera como tal no significa que no existiera. Lo que sí es claro y notorio es que después de la Segunda Guerra Mundial, gracias a la innovación que se produjo durante la guerra, a la creación de las instituciones supranacionales que emanan del acuerdo de Bretton-Woods y a la explosión de los mass media, nace el enfoque "ventas" del marketing.

El marketing de los años 50 y 60 del siglo pasado estaba basado en querer vender lo máximo lo más rápido posible, entendiendo al vendedor como pieza fundamental, junto con la publicidad masiva y el desarrollo de las grandes superficies de distribución. Esta herencia, de un marketing poco preocupado de la satisfacción del cliente ha perjudicado a la concepción que el mundo en general tiene sobre la función de ventas, entendiendo que el vendedor es un instrumento para conseguir la mayor facturación en el menor tiempo posible sin preocuparse excesivamente de los deseos del cliente. Nada más lejos de la realidad.

Después de la crisis del petróleo de 1973 y los años siguientes, el marketing se transformó, convirtiéndose en el centro de las organizaciones y, a su vez poniendo en su foco, sobre todo lo demás, la satisfacción del cliente. Es el llamado enfoque del "cliente en el centro de la organización".

Si unimos las dos ideas anteriores, la función de ventas queda mal parada, ya que siempre se ha pensado que el vendedor no busca como objetivo fundamental la satisfacción del cliente y en estos momentos vivimos en un mundo con el cliente en el centro de toda organización.

Dando un paso más, con el auge de las comunicaciones on-line, a finales del siglo XX y en los primeros años del siglo XXI, muchos pensaron que la figura del vendedor caería en un declive progresivo (capítulo sobre marketing bancario, redactado por Fuentes, J. y Gómez, M. en la obra Marketing Sectorial, 2008), pero el avance del tiempo ha hecho que esa teoría se demostrara como falsa, e incluso, en la crisis en la que el mundo se ha visto inmerso desde el año 2008, el vendedor se ha convertido en el adalid del mercado laboral y en la pieza fundamental dentro de las empresas.

El marketing tiene su origen en la función de ventas y no se entiende sin ésta. Así, si repasamos la evolución de los enfoques históricos del marketing, los cuales ya hemos nombrado, entenderemos la ascendencia que la función comercial tiene sobre esta disciplina.

La misión de este trabajo es demostrar al lector que una gestión de la fuerza de ventas bien orientada, bien enlazada con las decisiones de marketing y bien gestionada desde el punto de vista estratégico y operativo, suele ser la mayor asignatura pendiente de las empresas. Es una de las cuestiones con mayor recorrido, con mayor capacidad de cambio, y, por tanto, con mayores posibilidades para que los directivos aporten algo a las empresas, a su rendimiento, y por qué no, al incremento de sus salarios. ¿Qué director general se puede negar a pagar más a un gestor de marketing si éste es capaz de demostrar, con hechos, que sus técnicas de gestión han conseguido un incremento de un 20 o de un 30 por ciento del rendimiento en la efectividad de la fuerza de ventas?

Es nuestro objetivo intentar aportar una revisión del marco teórico de la efectividad y el rendimiento de la fuerza de ventas para que tanto PYMEs como grandes empresas puedan sustentar sus decisiones con un mínimo de sustento teórico para rentabilizar sus inversiones y, así, aportar decisiones al mercado que, en el fondo, favorezcan la eficiencia del sistema y la satisfacción de los compradores.

Por ello, comenzaremos exponiendo los aspectos negativos y positivos de la función de ventas. Posteriormente explicaremos más detalladamente la función comercial en la actualidad y cómo ha evolucionado desde la crisis mundial de 2008, para entender su implicación en la empresa y los retos a los que se enfrentan las organizaciones al tomar decisiones comerciales. Después, en el siguiente capítulo, aportaremos un marco teórico y conceptual para entender qué variables influyen y qué variables moderan el rendimiento de la fuerza de ventas. Por último, aportaremos varios estudios empíricos, desde el punto de vista del comprador y de la empresa, para comprender mejor el modelo conceptual aportado.

2. Valoración de la función de ventas

2.1. Aspectos negativos

En el mundo actual de la empresa, es comprensible, desde el punto de vista metodológico, social y profesional, que las personas no quieran trabajar como comerciales, jefes de equipo o como directores de ventas, ya que trabajar como comercial significa aceptar varias ideas que se presuponen negativas:

1.- Trabajo por objetivos concretos: Una competencia inherente, la comercial, es la capacidad para trabajar con unos objetivos concretos y cuyo cumplimento está íntimamente ligado —aunque no en exclusiva— a la remuneración variable del comercial. Esta idea no está unida a la seguridad en el trabajo sino a la seguridad que debe tener uno mismo sobre su desempeño, aunque es una cualidad menos frecuente de lo deseable. La presión que constituye esta estructura de remuneración no incentiva a decantarse por la profesión comercial.

2.- <u>Comercial operativo</u>: Todo lo que está unido a ideas estratégicas tiene una concepción empresarial más elevada. Desde el marketing se "vende" el concepto de comercial como elemento puramente operativo. Esto es cierto pero incompleto.

3.- <u>Presión emocional</u>: La capacidad de las personas para soportar el rechazo es limitada y los comerciales están expuestos de forma continua al rechazo. Las personas que no toleran una negativa o que se llenan de desánimo porque no consiguen sus objetivos rápidamente, son poco receptivas al trabajo en departamentos de ventas.

4.- <u>Glamour empresarial</u>: Una tarjeta de visita de comercial o vendedor no tiene el mismo valor que una tarjeta con el cargo de assistant manager, por ejemplo. Ser comercial no vende en las relaciones sociales. Esto sucede porque las propias personas que trabajamos en ventas no hemos sabido transmitir el cambio radical que se ha producido en nuestro trabajo en los últimos años, ni la importancia o cuán profesional es la labor de vender como comerciales-consultores, utilizando la venta adpatativa.

5.- <u>Trato con personas</u>: Cuando un ser humano se encuentra con otro, puede existir un fuerte vínculo positivo; o todo lo contrario: provocar rechazo. Hay personas con las que tenemos sintonía y otras con las que nos es imposible. La capacidad para tolerar y sobrellevar las faltas de sintonía y el poder enfrentarse cada día, para venderles, a "máquinas" tan complejas y distintas como son los seres humanos, hacen desistir de la profesión a muchas personas capaces de ser buenos comerciales.

6.- <u>Gestión de personas</u>: Decirle a un profesional del marketing que su ámbito de actuación no van a ser los GRPS, los programas estadísticos, las investigaciones de mercados o las ecuaciones estructurales, sino la gestión de recursos muy humanos, es cambiarle los esquemas. Desde el punto de vista de la dirección de ventas, supone una dificultad añadida el que los gestores deban dirigir personas, seleccionarlas, formarlas, controlarlas, motivarlas…

Cada una de estas cuestiones por separado puede parecer salvable; pero todas unidas en una única función profesional crean una animadversión manifiesta hacia el trabajo de ventas. Lo que resulta sobremanera curioso, porque si analizamos los datos de portales de empleo, vemos que más del 30 por ciento del total de ofertas están relacionadas con la venta (Canales, P. et al., 2005); o sabiendo que 20 millones de personas en Estados Unidos (uno de cada nueve habitantes) trabajan como comerciales (Diario el Mundo, 8 de noviembre de 2009).

2.2. Aspectos positivos

La otra cara de la moneda la dibujan todos los aspectos positivos que aporta el trabajo comercial a cualquier profesional. Sin embargo, es curioso observar el olvido al que someten instituciones y profesores de universidad a asignaturas como Técnicas de ventas o Dirección de Ventas en los programas de estudio de grado y posgrado.

Pero, ¿de qué se olvidan esos profesores y decisores universitarios cuando dejan de lado la función comercial? Olvidan competencias que la "escuela de ventas" otorga y que son imprescindibles para cualquier profesional que se relacione con un entorno competitivo moderno:

1.- Habilidades sociales: El ser humano es un ser que necesita expresar sus necesidades grupales (Maslow, A., 1943) y que se comporta, en muchos casos, movido por motivaciones perceptuales más que reales. Las marcas tiene personalidad, por ejemplo, asemejándose a las personas, porque en el marketing del siglo XXI la tendencia es a destacar los atributos perceptuales y conseguir lealtad a través del conocimiento mutuo y al personalización, es decir, al uso de la inteligencia emocional (Goleman, D:, 2001). Pero, ¿qué tiene todo esto que ver con las habilidades sociales de los comerciales? Mucho, ya que en los mercados actuales, la predominancia del componente afectivo en las relaciones comerciales, en la negociación, en los equipos de trabajo y en la relación con el entorno, hace que la inteligencia emocional sea la faceta de inteligencia más importante para un comercial. Empatía, asertividad, adaptabilidad, flexibilidad cognitiva (Artal, M. 2001) y muchas otras habilidades y capacidades fundamentales para el trabajo comercial son dominadas, en mayor medida, por las mujeres, por ello destacan en el ámbito de las ventas. La mujer posee una ventaja teórica en este sentido; pero también existe otra verdad: y es que desarrollar nuestra actividad profesional en el área comercial es la mejor escuela para dominar todas esas habilidades y competencias que debemos utilizar cuando nos enfrentamos a un mercado y a la vida eminentemente social, basados en las relaciones humanas y el posicionamiento perceptual. Más adelante, en los estudios empíricos veremos si el factor sexual, entendido como factor demográfico, influye en el rendimiento de la fuerza de ventas.

Si trabajamos en el mundo comercial y desarrollamos todas estas habilidades y competencias, casi cualquier otra actividad nos resultará más sencilla. Desde enfrentarnos con un taciturno funcionario desmotivado y sin ganas de atendernos, o conseguir que nuestro grupo de amigos vaya a ver la película que a nosotros nos interesa, hasta dominar las artes amatorias. Trabajar de comercial es la mejor escuela para el desarrollo profesional de ingenieros o abogados que viven en un entorno competitivo y que necesitan de las habilidades sociales (Fuentes, J. 2009).

2.- Habilidades competitivas: Un comercial debe ser competitivo por naturaleza. Sin ese espíritu, decae y el empeño diario de ser el mejor comercial, vender más que ningún otro, y conseguir la mayor remuneración variable posible, desaparecen. Por fortuna o por desgracia, nuestro entorno es muy competitivo y si no desarrollamos la habilidad de la competitividad, otro lo hará por nosotros y no podremos conseguir los objetivos. El buen comercial siempre debe querer llegar primero a las metas, no por lo que implican las metas, sino por ser realmente el primero.

3.- <u>Orientación a resultados</u>: Como bien hemos dicho, el buen comercial es altamente competitivo. Esta competitividad debe complementarse con orientación a resultados. No podemos entender los resultados como lo meramente cuantitativo (lo veremos más adelante en este trabajo), sino como un conjunto de elementos que hacen que el resultado global, tanto del rendimiento como de la efectividad del comercial, sean satisfactorios para la empresa y para éste.

Un buen comercial sabe que ha hecho un buen trabajo cuando gana mucho dinero. Pero ese dinero que gana es la derivación del cumplimiento de los objetivos, unos medibles por ventas o visitas, y otros, por factores como la fidelización, la lealtad, o la capacidad para conseguir una alta tasa de repetición de compra de cada cliente. La autoimagen del vendedor influye en su rendimiento, como veremos más adelante.

4.- Orientación de mercado: Orientarse al mercado es orientarse hacia la satisfacción del cliente y hacia la pelea diaria por ser mejor que la competencia. Un comercial debe ser flexible y adaptable, tanto o más que el mercado. Sin esta capacidad, otros conseguirán la parte del mercado que el comercial necesita. Entender, comprender, sintetizar, analizar, descubrir y enfrentarse diariamente al mercado es un aspecto indispensable para que el comercial consiga sus objetivos, y aún más importante para la empresa, para que ésta consiga los suyos. En mercados como los actuales, en los que prima la satisfacción al cliente, orientarse al mercado es buscar la satisfacción del cliente. Con un enfoque hacia el mercado, tenemos un gran paso dado para ser muy competitivos.

5.- Trabajo en equipo: Las habilidades sociales por sí mismas deberían ser un indicador para conocer si la persona es buena trabajando en equipo. Pero puede ser todo lo contrario. Trabajar en equipo significa hacer del objetivo del grupo el nuestro propio y eso no es fácil de conseguir cuando existe remuneración variable

22

individual de por medio. Trabajar en equipo significa apoyar al compañero para que consiga su objetivo, porque su objetivo es el nuestro propio. Trabajar en equipo es entender el resultado de un grupo, no como la suma de las piezas, sino como la sinergia entre los elementos.

Lograr estabilidad es complicado, pero los comerciales que la poseen son un elemento fundamental dentro del equipo porque formarán, consensuarán y enfocarán sus esfuerzos hacia un conjunto, y no hacia una parte del mismo. Esta cualidad es difícil de obtener pero el multiplicador que se consigue en los resultados es muy alto y exportable a muchas otras actividades de la empresa.

6.- Pensamiento alineado con los resultados de la empresa: Veremos más adelante cómo la percepción que el comercial tiene de su propio rol es un punto clave en su rendimiento y efectividad. Entender el papel que el comercial desempeña dentro de la organización es un objetivo básico para cualquier director comercial. Remar todos en la misma dirección significa aumentar la probabilidad de éxito, orientar los esfuerzos en la misma dirección y, por tanto, apalancarnos con más fuerza para conseguir alcanzar la misión, la visión y los objetivos de la empresa. El pensamiento alineado hace que el propio comercial consiga tres objetivos, como se explica en la obra Cooking Sales: vender más y mejor (2009). Llamaremos a esto las tres C):

- Confianza: en el trabajo y en la empresa.
- Credibilidad: en sí mismo y desde la perspectiva del cliente.
- Compromiso: con la empresa y con enfoque competitivo de ésta.

7.- Adaptabilidad y flexibilidad: La adaptabilidad es la capacidad para orientar nuestro discurso y nuestros esfuerzos según lo que demanda nuestro interlocutor. La flexibilidad –que no maleabilidad– es la capacidad para desviarnos de nuestro camino, es decir modificar, en parte, nuestros objetivos para satisfacer las necesidades del cliente. Ambas cualidades, debido al alto ritmo de cambio de los mercados, se erigen como básicas en el trabajo comercial. Lo que ahora es importante, mañana no lo será tanto; lo que es caro mañana será barato; el planteamiento que hoy es innovador, mañana estará totalmente obsoleto (como bien explica R. Taleb en su obra El cisne negro).

No es que los cambios sean bruscos, que pueden llegar a serlo, sino que la tasa de cambio se ha hiper acelerado por diversos motivos y eso se traduce en movimientos repentinos del cliente, de la competencia, de los reguladores (esto se puede decir más aún después de la grave crisis financiera de 2008) y de la propia empresa (Fuentes, J. 2010).

Un comercial es la primera persona de la empresa que detecta estos cambios, es una punta de lanza que abre el camino para conocer mejor el mercado. Pero sufrir estos cambios de primera mano, tener que modificar su comportamiento sobre el mismo terreno no es sencillo y si el comercial es adaptable y flexible, le será mucho más sencillo entender y actuar bajo los paradigmas de mercado actuales.

8.- Gestión del tiempo.

Puede parecer obvio que cualquier profesional sea capaz de gestionar su tiempo debidamente. Nada más lejos de la realidad. Los seminarios de gestión eficaz del tiempo están llenos; los autores ganan mucho dinero con libros sobre la gestión del tiempo y muchas personas fracasan en sus carreras profesionales por no saber gestionar eficazmente el tiempo. Pero, ¿Qué es gestionar eficazmente tiempo? Es simplemente, encontrar el punto medio entre "que el trabajo no se expanda hasta ocupar el tiempo disponible" y que nuestras jornadas laborables no sean como las de los auditores Jr., lo que algunos llaman flexibles, es decir, empezar a trabajar a cualquier hora antes de las nueve de la mañana y terminar de trabajar a cualquier hora después de las nueve la noche.

Todo el mundo tiene mucho trabajo y poco tiempo disponible. Encontrar el punto de equilibrio entre las necesidades de la empresa (el cumplimiento de objetivos y tareas) y mantener una jornada razonable y ajustada a la legalidad, no es sencillo. Un comercial debe aunar sus intereses personales y sus horarios con los horarios y necesidades de las personas más importantes en su actividad: los clientes. Comidas o cenas de negociación, venta a puerta fría en hogares a horas fuera del horario de oficina... Un buen comercial sólo lo es cuando puede cumplir sus objetivos y satisfacer a los clientes sin que tenga la sensación de que su horario es excesivo (ni que su familia le eche de casa).

Esto sólo se consigue con organización y una gestión eficaz del tiempo. Hay muchos trabajos que presionan con sus objetivos y con innumerables tareas, pero si a eso le unimos desplazamientos, reportes, trabajo administrativo y seguimientos a clientes, ¿qué nos queda?: el comercial. Tengan por seguro que si un empleado es buen comercial, domina la gestión del tiempo, y ¿quién no desea que las personas de su organización gestionen bien su propio tiempo? ¿Cuántos magníficos ingenieros, arquitectos, abogados o médicos no explotan todo su potencial e incluso fracasan por no dominar alguna, varias o todas las habilidades y competencias descritas? Miren a su alrededor y tendrán la respuesta.

2.3. Valoración global

Nos encontramos con una balanza, semiequilibrada, entre los aspectos negativos que inducen a las personas a no trabajar en el mundo comercial, y las fuerzas que nos dicen que trabajar en él es una ventaja importante para progresar profesionalmente adquiriendo recursos imprescindibles: nuestra propia competencia personal. Debe existir algún elemento que desequilibre la balanza, y si existe, no puede ser otro que la importancia del departamento de ventas en el departamento de marketing.

Muchos alumnos me han expresado en las aulas que jamás trabajarían como comerciales: demasiada presión; sueldo muy variable; horarios difíciles; vender llueva o nieve; objetivos altos y decenas de objeciones más. Pero no es fácil descartar el aprender en una escuela en la que podemos ganar mucho dinero gracias a nuestro esfuerzo y en la que casi todo lo que hagamos será positivo para otras tareas, aunque tengan poco que ver con las ventas. Aún así, algunos alumnos siguen sin querer trabajar de comerciales. Sólo queda hacer una cosa para que quieran: ofrecerles más dinero, porque como alguien dijo alguna vez: "No hay propuestas inmorales sino distintas tarifas...", como bien decía Michael Corleone en El Padrino (Puzo, M., 2005).

No hace mucho tiempo, un directivo de una empresa a la que ya habíamos enviado un presupuesto de servicios de fuerza de ventas externas, nos contestó a ese presupuesto diciendo que en vez de contratar a ocho comerciales iba a gestionar el envío de 8.000 folletos a los puntos de venta. ¿Se puede sustituir la gestión de un comercial por el envío de 1.000 folletos? Es obvio que no, pero muchas de las empresas que operan en los mercados, y sobre todo en el mercado español, no entienden las externalidades y las ventajas que puede aportar a una empresa el correcto uso de la fuerza de ventas.

Este directivo conocía claramente los conceptos de posicionamiento, segmentación, atención al canal de distribución, labores de trade marketing, etc., pero no ponía suficiente énfasis en la gestión de la fuerza de ventas. El lector estará extrañado de esta historia pero son casos muy habituales cuando uno mantiene relaciones comerciales. Esta es una clara muestra del valor que, en muchas ocasiones, el mercado otorga a las fuerzas de ventas y al trabajo del comercial.

Muchos directivos obtienen un MBA, cursan estudios de marketing, saben mucho de marketing estratégico, pero obvian que la fuerza de ventas casi siempre es la punta de lanza de la empresa del mercado. Este eterno divorcio y esta eterna pelea entre los directores comerciales y los directores de marketing tiene una fácil solución. En una conferencia pronunciada por Philippe Kotler (Foro Mundial de Marketing de Lisboa 2009), éste hablaba de cómo el divorcio comercial perjudicaba a las empresas y enumeraba múltiples empresas que no poseen un departamento de marketing propiamente dicho y que, sin embargo, son líderes en sus respectivos sectores con amplias cuotas de mercado, con facturaciones desmesuradas e importantes beneficios.

Como decíamos anteriormente, en los Estados Unidos de América trabajan 20 millones de comerciales, uno de cada nueve habitantes de este país (Fuentes, J., 2009). Es curioso analizar el gap existente entre la realidad del mercado, los estudios sobre marketing y la dificultad para transferir conocimiento desde la universidad a los departamentos de marketing, y viceversa. Las empresas deben sobrevivir en el mercado y, para ello, deben vender bienes o prestar servicios. Con el marketing se consigue que sus productos y servicios sean conocidos, estén a disposición del consumidor, que el posicionamiento sea óptimo, que la marca se desarrolle, que el público objetivo sea el indicado o que el precio sea el correcto.

Pero, ¿quién se encarga, dentro del departamento de marketing, de unir el eslabón comercial con el eslabón puramente marketing? La bicefalia existente en las empresas, con una cabeza de marketing pensante y otra cabeza de marketing operativo o comercial, sólo lleva a la falta de información, a la falta de eficiencia y, por tanto, a una merma de la competitividad de la empresa. ¿Qué podemos hacer, como abogados matrimonialistas o como terapeutas de pareja, para que la familia del marketing y las ventas estén unidas y empujen para la consecución de un mismo objetivo? La respuesta es compleja pero los principios que rigen esta respuesta son básicos, ya que el marketing y las ventas son la misma cosa. Son dos caras de una misma moneda que le aporta a la empresa el valor necesario para conseguir su objetivo máximo: obtener el mayor beneficio (Fuentes, J., 2009).

Este estudio versa sobre la dirección de ventas, la gestión comercial y la necesidad de aplicar mejores prácticas para aumentar los resultados del departamento de ventas, conociendo las variables determinantes del rendimiento y cómo gestioanrlas. No obstante, esto es netamente imposible sin el conocimiento y el pensamiento estratégico que aporta la implicación del departamento de marketing en la función comercial y el de la función comercial en la gestión de la información del departamento de marketing.

Las empresas que cambian folletos por comerciales, están cambiando su enfoque, están derivando a una visión errática del marketing. Una visión que oscurece gran parte de su gestión y que, antes o después, sólo llevará a resultados mediocres en comparación con una gestión integral del marketing y las ventas. No pretendemos apostolizar sobre la importancia de las ventas, sino recalcar la importancia de la unión de dos cosas que teóricamente van unidas pero que, en la práctica, las empresas no están sabiendo imbricar y apuntar hacia un objetivo común con técnicas comunes. No están sabiendo aprovechar las oportunidades de reunir, en único lugar, toda la información procedente del mercado, y no están sabiendo comunicar al mercado toda esa información a través de todos los canales realmente disponibles.

Es curioso comprobar que no existe una correlación real entre el tamaño de la empresa y el divorcio entre ambas ideas. Existen pymes y micro pymes, que dado su tamaño, son capaces de unir, en un mismo centro de decisión, el departamento comercial y el de ventas. También existen importantes empresas que entienden ambos conceptos como complementarios y los unen en la gestión. En cambio, encontramos numerosas empresas de todos los tamaños, sectores o segmentos, empeñadas en separar ambas cuestiones asépticamente, como si de ideas contrapuestas se tratara. En mi experiencia profesional y como asesor de instituciones, he conocido empresas de todos estos tipos y sólo he conseguido encontrar un elemento común entre las empresas que no divorcian al departamento de marketing y al departamento comercial. Ese elemento común es la dirección de marketing de la empresa, centralizada en un gestor que entiende la relación con el cliente como un conjunto de elementos, de entre los cuales no hay ninguno destacable, sino el efecto sinérgico que otorga abordar al cliente desde un punto de vista táctico y estratégico y no dejando ninguna forma de contacto al libre albedrío de la suerte.

Este tipo de gestores entiende al departamento comercial, no sólo como un elemento de venta, sino como un elemento de gestión de información, de comunicación de posicionamiento, de investigación de mercados y de primera piedra de toque para conocer los cambios en el ciclo de vida del producto, en la competencia y en el macroentorno. Una PYME, dado su volumen, tiene cierta facilidad para administrar los recursos y a que la toma de decisiones se concentre en una sola figura. Esto es mucho más difícil de hacer en una empresa de tamaño considerable. Pero sólo es cierto una cosa: el esfuerzo de crear un sistema de gestión que aborde el mercado desde la perspectiva estratégica y desde la perspectiva operativa y de ventas, reporta beneficios que superan, con creces, la inversión que se debe realizar para unir ambos departamentos.

El directivo reactivo enviará folletos a su canal de distribución mientras que el directivo productivo, con un enfoque integrador que otorga la importancia necesaria al departamento de ventas, sabrá dividir su presupuesto entre los elementos clave con los que debe abordar al mercado. Tan importante es la presencia pasiva de los folletos en el canal de distribución como el envío, dentro de esta capacidad, de comerciales de canal que incentiven al minorista para vender los productos del fabricante. La solución para un directivo cortoplacista es enviar folletos al canal. La solución del directivo enfocado al mercado y comprometido con el resultado de la empresa, será enviar comerciales en la justa medida y complementar esta acción con el material promocional necesario.

Está claro que todos tenemos restricciones presupuestarias. Hasta el señor Warren Buffet las tiene, (y más después de la crisis de 2008) pero eso no es óbice para que utilicemos la solución más barata, a corto plazo que, sin embargo, nos va reportar peores resultados a largo plazo. Argumentos en contra de esto, puede haber muchos: el coste de la fuerza de ventas, la facilidad para crear los folletos, el mayor impacto individual con la mayor cobertura de los folletos. Pero, ¿quién puede negar la flexibilidad, adaptabilidad, la capacidad de comunicación, el énfasis, y el elemento emocional que aporta un comercial en su visita al canal de distribución? Es muy difícil de medir. (Fuentes, J., 2009).

3. La función de ventas: Situación actual y efectos de la crisis económica

Si este capítulo hubiera sido escrito en el primer lustro de los años 2000, hubiera sido muy diferente, pero, en cambio, los acontecimientos que la economía mundial ha sufrido desde 2008, han cambiado la perspectiva empresarial global y de la fuerza de ventas en particular. Hasta el año 2008, se habían elaborado muchos estudios sobre la fuerza de ventas (Churchill, J.A. 1985), sobre todo en las décadas de 1960 y 1970, posteriormente, se han actualizado esos estudios pero no se han conseguido aportaciones que cambien la perspectiva de la fuerza de ventas. En estos momentos nos encontramos en un punto de inflexión económico que hará que la perspectiva sobre el rendimiento de la fuerza de ventas cambie, porque la crisis económica ha derivado en las siguientes consecuencias, diez en total:

1. La demanda ha bajado.
2. La oferta ha bajado.
3. Las inversiones se han reducido.

4. La masa monetaria disponible se ha reducido.

5. La forma de comprar ha cambiado.

6. Se analiza más al cliente potencial

7. La oferta de trabajo ha aumentado.

8. La demanda de trabajo se ha reducido.

9. Se esperan más retornos de las inversiones a corto plazo.

10. La morosidad ha crecido.

Vamos a analizar cada una de estas consecuencias de la crisis y cómo, particularmente, afectan a la fuerza de ventas.

1.- Bajada de la demanda: Antes de la crisis de 2008 vivíamos en un mundo empresarial en el cual los ratios de venta eran altos debido a que existía un gran número de compradores (consumidores finales o empresas) dispuestos a invertir o a gastar, según se analice, con capacidad de compra y con unos objetivos de relación coste/beneficio que no eran excesivamente altos como estándar. Los vendedores, con una formación media y una eficiencia media, conseguían unos resultados que eran suficientes, desde el punto de vista del valor añadido para el cliente y desde el punto de vista de la rentabilidad para la empresa. Al desaparecer gran parte del mercado potencial, y al cambiar los compradores de enfoque, las carencias de los vendedores salen a la luz, se reducen las ventas de los que eran muy buenos antes de la crisis y, prácticamente, se anulan las ventas de los vendedores que estaban por debajo de la media antes de 2008.

2.- <u>Bajada de la oferta</u>: En un mundo empresarial con menos exigencia, además de existir un grupo de vendedores por debajo de la media que hacía lo suficiente para continuar en le mercado, existían muchas empresas cumpliendo los estándares mínimos de la época "pre-crisis", que han ido quebrando a partir de 2008. Lo que antes era válido en ventas, ya no lo es. Obviamente, es bueno que el mercado cribe a los peores competidores porque así aumentan los estándares de calidad medios, pero esto ha derivado en una gran tasa de desempleo en el colectivo de profesionales de la venta.

3.- Reducción de inversiones: Por efecto psicológico, desde 2008, se han reducido las inversiones y las compras, por miedo a los problemas del mañana, es el "efecto grifo" explicado pro Peter Senge en su obra "la quinta disciplina" (Senge, P., 1993). Valoramos nuestro futuro por el estándar actual, lo que hace que en crisis se reduzcan las inversiones. Esto hace que se invierta menos en los departamentos comerciales, cortando en seco el crecimiento de la fuerza de ventas.

4.- Reducción de la masa monetaria: Vivimos un momento de reducción de la masa monetaria en el ámbito mundial. Este hecho deriva en el efecto anterior, la reducción de las inversiones por causa psicológica, si además, sumamos el efecto de que realmente hay menos dinero en el sistema (Bellod, J.F., 2007), conseguimos un efecto dominó que afecta a los departamentos de ventas, por vía de las compras a las empresas y de la inversión en la fuerza de ventas.

5.- Cambio en la forma de comprar: El "comprador inteligente" es una figura que se erige desde el 2008. Compra marcas blancas (Zeynep, T. et al, 2010) y valora mucho qué comprar, cambiando sus criterios y no volviendo a tomar los criterios antiguos, es decir, no desaprendiendo lo aprendido. Esto ha reducido el poder de las marcas o ha hecho que se hayan tenido que reposicionar, por lo que cambia el enfoque que la fuerza de ventas debe ofrecer al cliente al intentar venderle un producto.

6.- Análisis del cliente potencial: Las empresas usan más herramientas de análisis para valorar al cliente, se buscan clientes específicos para conseguir seguridad en las ventas (Fuentes, J., 2010). El vendedor debe utilizar herramientas CRM u otras para administrar el territorio y su tiempo, estimando con claridad el rendimiento que obtendrá por cada minuto invertido con cada cliente, ya que las empresas pueden valorarlo y lo valoran. Se ha pasado de "cañonero" a francotirador de las ventas.

7.- Aumento de la oferta de trabajo: Todas las crisis crean desempleo, por tanto aumenta la oferta de mano de obra pero también reduce la demanda de los consumidores. Las empresas pueden acceder ahora a mejores perfiles de vendedores pro el mismo salario (fuente www.equiposytalento.com).

8.- Reducción de la demanda de trabajo: Las empresas dejan de invertir, por ello, las empresas que consigan mantener sus inversiones en ventas conseguirán ampliar su cuota de mercado sin invertir más recursos. Así las empresas que hagan esto conseguirán poder de mercado y una posición de más dominio en éste. Si existen recursos, en crisis, es el momento de invertir en ventas (como describe Javier Fuentes en su artículo en Cinco Días de fecha 18 de diciembre de 2010).

9.- Menor retorno de las inversiones a corto plazo: En la vorágine de la crisis se pueden obtener buenas rentabilidades a medio y largo plazo, pero difícilmente a corto plazo. Las empresas con menos recursos o con menos tiempo para poder recuperar sus inversiones recortan partidas del presupuesto que llegan a reducir su eficiencia y su competitividad (Foro Mundial de Marketing y Ventas 2009, conferencia de Javier Fuentes). Es la "pescadilla que se muerde la cola": por no tener recursos, limitamos los elementos fundamentales del trabajo comercial (vehículos, teléfonos, dietas), el vendedor no puede desempeñar su trabajo correctamente y baja su rendimiento, lo que justifica ex-post las bajadas y por tanto se refuerza el proceso.

10.- <u>Crecimiento de la morosidad</u>: Si a todo lo anterior le unimos la inseguridad de cobrar lo que se factura, en tasas claramente desconocidas hasta 2008, la decisión de frenar a nuestra fuerza de ventas es razonable, coaccionando su trabajo y reduciendo los clientes potenciales a un grupo pequeño de la demanda global.

Si unimos estos 10 factores, nos encontramos con un paradigma comercial diferente y que hará que aparezcan nuevas técnicas, nuevas formas de actuación de los managers y cambios en el rol del vendedor, reformulando los modelos de rendimiento de la fuerza de ventas, ya que con la crisis ha cambiado la oferta, la demanda y el macroentorno. En este estudio, después de considerar y revisar la bibliografía hasta la fecha, aportaremos nuestras implicaciones para la gestión de los modelos de rendimiento y efectividad de la fuerza de ventas después de la crisis comenzada en 2008.

Es notorio que los factores anteriores afectan al comportamiento de la empresa, a la gestión de la fuerza de ventas, a la relación de la empresa con el vendedor, del vendedor con el mercado, del mercado con la empresa y a la "materia prima" comercial, a los recursos humanos que nos encontraremos en el mercado como consecuencia de la crisis comenzada en 2008. Todas ellas, variables determinantes y moderadoras del rendimiento de la fuerza de ventas como veremos en le siguiente capítulo (Fuentes, J. et al, 2007).

4. El rendimiento y la efectividad de la fuerza de ventas

Como ya hemos avanzado en los capítulos anteriores, el objetivo de este trabajo es analizar conceptualmente las variables que influyen en el rendimiento de la fuerza de ventas, validando empíricamente estas relaciones, con el objetivo de que se puedan derivar implicaciones en la gestión para que las empresas, en momentos tan complicados como el actual puedan determinar estrategias de crecimiento o de mantenimiento que sean acordes con sus objetivos.

La fuerza de ventas es una variable fundamental en la gestión de marketing (Leigh et al., 2000). Se puede estudiar desde diversas perspectivas: rendimiento, remuneración, gestión de rutas (Leigh et al., 2000) La variable humana de las fuerzas de ventas hace que se siga utilizando de interacción con el mercado, incluso en un mundo dirigido por las nuevas tecnologías, en el que los procesos se automatizan y muchas compañías externalizan esta función (White, R. et al 2003).

A pesar del manifiesto interés académico internacional por este tópico, en España no parece existir una especial atención por realizar investigaciones académicas que tengan como objetivo analizar la fuerza de ventas. Sólo un grupo reducido de autores españoles ha publicado trabajos en nuestro país o en revistas internacionales. Dado el interés empresarial creciente y teniendo en cuenta que las ventas suponen más de un 60% del presupuesto laboral de las empresas, derivado del número de contrataciones en el departamento comercial (Canales, P. et al., 2005), en nuestra opinión, resulta necesario realizar trabajos de investigación sobre esta área de la investigación académica de forma que contribuyamos con nuestro estudio a la mejora en la gestión y el conocimiento de las empresas sobre su fuerza de ventas.

Como hemos indicado anteriormente, la fuerza de ventas se puede estudiar desde múltiples perspectivas. Nosotros intentaremos aportar evidencia conceptual a la literatura sobre su rendimiento, analizando tanto las variables influyentes como las moderadoras. La elección de este tema de estudio no es arbitraria, ya que pensamos que el primer paso para entender el funcionamiento de las fuerzas de ventas consiste en comprender de forma integrada las variables que la afectan. De esta forma, las empresas podrán actuar sobre las variables determinantes. En consecuencia, tendrán un control de sus inversiones y tomarán decisiones que estén orientadas a conseguir un rendimiento mayor de sus equipos comerciales, y más aún en momentos de crisis como el actual, donde se mide con más énfasis el rendimiento de las inversiones.

En la actualidad, creemos que tanto los gerentes de pequeñas y medianas empresas como los directores de ventas de grandes empresas toman decisiones que afectan al rendimiento de sus equipos comerciales sin comprender claramente cuáles pueden ser los resultados. Suelen utilizar, por tanto, un método ensayo-error, quedándose con las mejores prácticas pasadas y basando sus decisiones en la experiencia anterior. Ambos colectivos necesitan conocer el alcance de sus decisiones, saber en qué variables invertir más esfuerzo y recursos monetarios, de forma que puedan prever unos resultados aproximados sobre el rendimiento de la fuerza de ventas, que sean correlativos con las decisiones tomadas y replicables en el futuro.

Actualmente, existe un único modelo conceptual integrador basado en un meta-análisis. Es una propuesta que, a nuestro modo de ver, ha quedado obsoleta. Se trata del trabajo de Churchill (1985). Posteriormente, se han efectuado análisis parciales (Szymanski, 1988; Flaherty et al., 1999; Canales et al., 2005, Baldauf et al., 2001) sobre algunas variables que influyen en el rendimiento de la fuerza de ventas, pero ninguna de estas investigaciones ha desarrollado un modelo global validado empíricamente al completo, midendo el rendimiento del departamento de ventas (sí existen algunos sobre efectividad, como el de Kuster,I., et al. 2008).

Por consiguiente, el objetivo es la propuesta de un modelo conceptual integrador de las diversas propuestas parciales sugeridas por la literatura de forma que determinemos qué dimensiones o constructos influyen en el rendimiento. Creemos necesario integrar los diferentes estudios parciales sobre variables de naturaleza común, pero que resultan insuficientes para determinar el rendimiento global de la fuerza de ventas. Estas variables, explican una parte del rendimiento (o la falta de él), pero sin la comprensión de la influencia de variables de otra naturaleza y el efecto de las variables moderadoras, no podemos comprender globalmente la efectividad de la fuerza de ventas. La Figura 1, aclara los principales conceptos que utilizaremos para abordar este objetivo.

FIGURA 1

Rendimiento, efectividad, determinantes y moderadores de la fuerza de ventas.

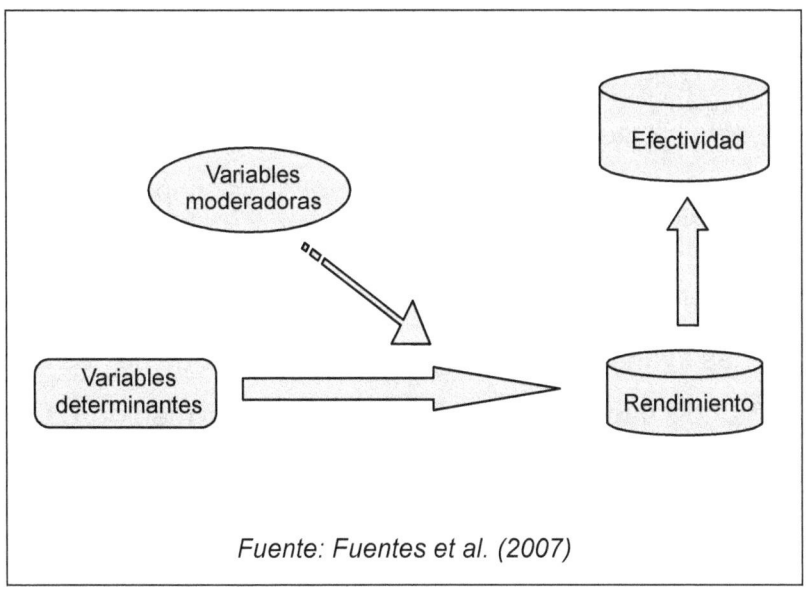

Fuente: Fuentes et al. (2007)

En este sentido, nuestro modelo guiará posteriores intentos de validar de forma empírica nuestra propuesta. Así, trataremos de ayudar a los decisores de las empresas a conocer el alcance de las medidas adoptadas, las debilidades de su fuerza de ventas, cómo incrementar el rendimiento y las causas del bajo rendimiento.

1. Concepto y medición de las variables principales

En los estudios empíricos publicados hasta la fecha existe cierta confusión sobre el concepto y medición de las variables que abordamos en este artículo. Estamos especialmente interesados en la forma de medición del rendimiento, que es la variable endógena, dependiente o explicada de todos los estudios analizados. Obviamente, para medir la correlación entre el rendimiento y el resto de las variables, así como la influencia de éstas, debemos saber cómo se ha formulado y medido cada ítem que luego formará parte de una serie de factores o constructos.

Para entender el concepto de rendimiento de la fuerza de ventas, tenemos que tener en cuenta dos aspectos:

1) La diferencia entre rendimiento y efectividad.
2) Cuáles son las dimensiones del rendimiento.

Respecto al primer punto, existe una clara diferencia entre ambos conceptos. En la actualidad, hay una meridiana diferencia entre rendimiento y efectividad, entendiendo el primero como un precursor de la efectividad. A su vez, cada uno de estos dos conceptos se ve influido y moderado por variables o factores que unas veces coinciden y otras son diferentes (Baldauf et al., 2002). La efectividad es la suma de las valoraciones totales de los resultados de la organización (Churchill et al., 2000 y Baldauf et al., 2002), como por ejemplo, los beneficios o la cuota de mercado. Sin embargo, el rendimiento tiene varios componentes o dimensiones, que en general contribuyen a la efectividad de la organización, pero que están relacionados directamente con el trabajo, las habilidades y la organización de la fuerza de ventas (Babakus et al., 1996). Por tanto, la efectividad es un concepto más amplio que el rendimiento y suele estar influida por variables que no tienen un impacto directo sobre éste. Aún así, determinados autores como Grant et al., (1999); Baldauf et al., (2001); Babakus et al., (1994); Babakus et al., (1996); Weitz, (1981); Szymanski, (1988); Piercy et al., (1997) suelen confundir ambos conceptos, sin distinguir uno de otro. Otras veces no diferencian las variables determinantes que influyen en ambos de forma independiente.

Respecto a las dimensiones del rendimiento (que no de la efectividad, concepto relacionado pero no sinónimo de rendimiento), es decir, a los tipos de rendimiento que pueden existir en la fuerza de ventas, los cuales, unidos, contribuyen al rendimiento global, podemos distinguir, las siguientes:

- Rendimiento externo, entendido como resultados cuantitativos del equipo de ventas (Barker, 1999; Baldauf et al., 2002; Babakus et al., 1994; Brashear et al., 1997; Piercy et al., 1998; Babakus et al., 1996 y Cravens et al., 1993). Entre ellos podemos citar el número de ventas, el número de nuevos clientes o la facturación por cliente.

- Rendimiento de comportamiento, entendido como resultados no relacionados con aspectos cuantitativos de forma directa, pero que, no obstante, influyen en los resultados cuantitativos indirectamente (Barker, 1999; Baldauf et al., 2002; Barker, 2001; Babakus et al., 1996; Brashear et al., 1997; Piercy et al., 1998; Cravens et al., 1993, Piercy et al., 2001 y Cravens, D. et al., 2002). En este caso se pueden ejemplificar aspectos como el número de llamadas, el número de visitas o el número de segundas visitas.

- Rendimiento no relacionado con la venta, es decir, tareas añadidas realizadas por el equipo comercial pero que no son venta en sí mismas (Barker, 1999 y Cravens et al., 1993). Tareas propias de investigación de prospectos, análisis de datos o funciones administrativas de venta, serían tareas de este tipo.

- Rendimiento de la venta orientada al cliente o resultado de tareas que están encaminadas a la satisfacción pura del cliente, como por ejemplo, los servicios añadidos o las tareas de fidelización (Flaherty et al., 1999 y Grant et al., 1999). A nuestro entender, este tipo se relaciona sólo con la efectividad, no con el rendimiento (Fuetes, J, et al., 2007)

En la Tabla 2 podemos ver la correlación existente entre las medidas utilizadas por Chonko en su estudio del año 2000, con las correlaciones entre ellas y el nivel de significación utilizado en cada caso. De la tabla se puede concluir que existe una cierta correlación entre los tipos de medidas, pero también que si utilizamos pocas o no utilizamos criterios de medición diferentes dentro del mismo estudio, tendríamos una parte importante del rendimiento que no estaría bien medido y explicado. Según los resultados de este estudio, un 36% de los encuestados obtienen resultados similares en ambos tipos de medidas, en cambio, el otro 64% fue clasificado de forma diferente dentro del grupo, en función del uso del criterio objetivo (incremento del salario) y del criterio subjetivo (auto-evaluación), de ese 64%, la mitad mejoró si se usa un criterio y la otro mitad mejoró si se usa diferente criterio. Esto nos lleva a pensar en la importancia e influencia que va a tener la forma de medir el rendimiento en todos los estudios que se han realizado para determinar los factores que le influyen y en qué medida lo hacen. Es importante tener en cuenta este efecto para que los resultados de un modelo de variables determinantes del rendimiento sean estrictamente correctos y no se vean alterados por el efecto de la medición del rendimiento. El momento de la aplicación de la medida y el ámbito temporal al que se refiere, influye de manera determinante, lo que nos conduce, sobre todo en las medidas de auto-evaluación a un sesgo importante al ser medidas subjetivas. Como ya hemos comentado, muchos autores sugieren incluir medidas multicriterio para medir el rendimiento de cada comercial, con lo que minimizamos este error.

TABLA 1:

Resumen de medidas del rendimiento

Medidas del rendimiento	
1.- Rendimiento total. Ítem simple. Subjetivo. Auto reporte.	6.- Incremento del salario en "moneda".
2.- Rendimiento total. Ítem múltiple. Subjetivo. Auto reporte.	7.- Diferencia entre: Medida 3 y medida 4.
3.- Más reciente incremento porcentual del salario.	8.- Diferencia entre: Medida 6 e incremento de salario en los seis meses anteriores.
4.- Mayor incremento porcentual del salario en los seis meses anteriores a la medida 3.	9.- Diferencia entre medida 3 y medida 5.
5.- Mayor incremento porcentual del salario en los doce meses anteriores a l a medida 3.	10.- Diferencia entre medida 5 e incremento del salario en los doce meses anteriores.

Fuente: Fuentes, J., et al., 2007.

TABLA 2:
Interrelaciones entre las medidas de rendimiento *

	1	2	3	4	5	6	7	8	9	10
1	-									
2	.43 (1)	-								
3	.21 (2)	.31(1)	-							
4	.12	.04	.13	-						
5	.02	.03	.13	.12	-					
6	.14	.18(2)	.16	.08	.13	-				
7	.20(2)	.20(2)	.70(1)	.80(1)	.43(1)	.12	-			
8	.10	.10	.07	.11	.28(1)	.43(1)	.12	-		
9	.05	.07	.02	.10	.29(1)	.15	.06	.79(1)	-	
10	.10	.14	.04	.03	.01	.71(1)	.01	.57(1)	1	-

* *Fuente: Chonko et al., 2000*

1-10 Medidas en base a tabla 1. (1) Nivel de significación del .01 (2) Nivel de significación del 0.5

2. Modelo propuesto sobre el rendimiento de la fuerza de ventas.

En este apartado presentamos la proposición conceptual de modelo integrador sobre el tema que nos ocupa, analizando detalladamente qué variables son determinantes del rendimiento o moderadoras de los efectos de éstas. En concreto, hemos agrupado las variables que influyen en el rendimiento en cinco dimensiones. Por otro lado, destacamos dos grupos de variables moderadoras. Para determinados autores como Piercey et al., 1997; Grant et al., 1999; Munuera et al., 2002; (tratado en Baldauf et al., 2002), algunas de las variables determinantes o moderadoras pueden ser precursoras del rendimiento o de la efectividad indistintamente, algo que se produce como consecuencia de lo que explicamos en el apartado anterior: la confusión del concepto efectividad y del concepto rendimiento. En la Figura 2 presentamos gráficamente el modelo global propuesto.

FIGURA 2:

Modelo propuesto sobre el rendimiento de la fuerza de ventas.

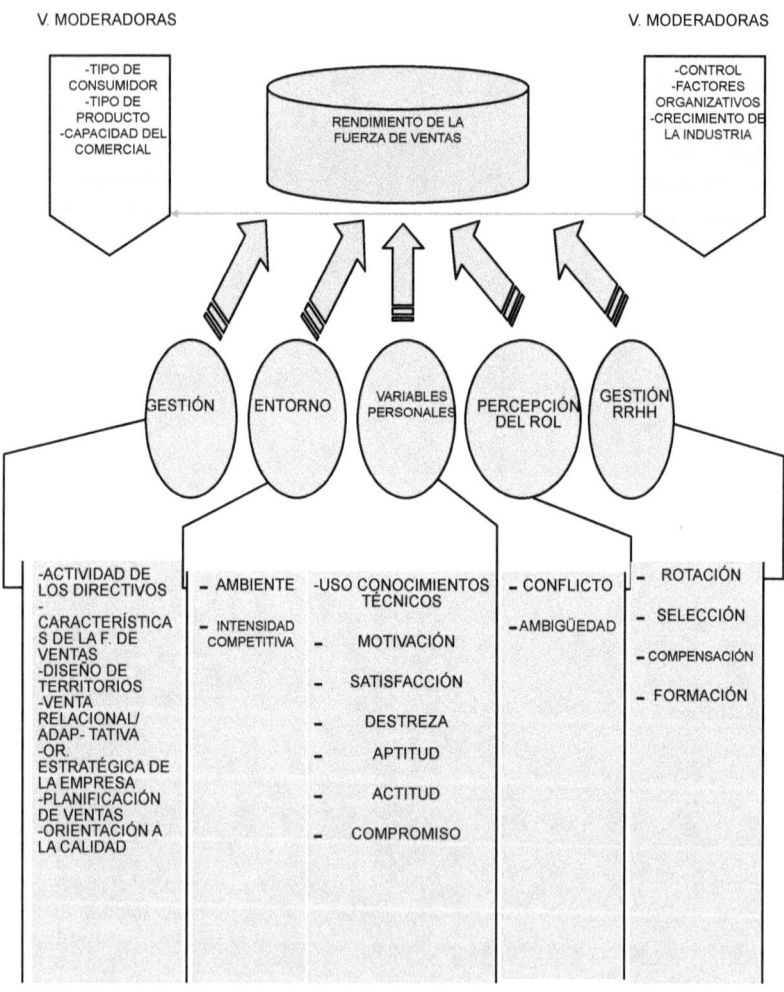

Fuente: Fuentes, J., et al., 2007.

En concreto, las cinco dimensiones de las variables determinantes del rendimiento son:

1) Las relacionadas con la gestión general de la empresa.
2) Las que tienen que ver con el entorno.
3) Las variables personales del comercial.
4) La percepción del rol.
5) Las variables de gestión de los recursos humanos.

En cuanto a las variables de gestión, los ítems que pueden utilizarse para construir esta dimensión son: la actividad de los directivos (jefes de ventas o jefes de equipo que dirigen a los comerciales) (Barker, T., 2001; Babakus et al., 1994; Spiro et al., 1990; Brown et al., 1993 y Piercy et al., 1997). La segunda variable son las características de la fuerza de ventas (tamaño, estructura,...) (Barker, 2001 y Brown et al., 1993). El diseño del territorio es otra variable de gestión que influye en el rendimiento (Barker, T., 2001; Baldauf et al., 2001; Brashear et al., 1997; Cravens et al., 1972; Babakus et al., 1994; Babakus et al., 1996 y Grant et al.,

1999). Dentro de la gestión, también nos encontramos el esfuerzo que hacen los managers en destacar la orientación hacia la venta relacional (Boles et al., 2000) y hacia la venta adaptativa (Spiro et al., 1990 y Baldauf et al., 2002). También influyen la orientación estratégica de la empresa (Baldauf et al., 2001 y Cravens et al., 1972), la planificación de ventas (Baldauf et al., 2002) y la orientación a la calidad que exijan los jefes de venta y jefes de equipo (Cravens et al., 1972 y Cravens et al., 1993).

Respecto al entorno de la empresa, tenemos dos variables que los autores tratan independientemente, aunque a priori parecen tener una relación conceptual: El ambiente en sí mismo (Churchill et al., 1985; Barker, 2001; El Ansary et al., 1993 y Piercy et al., 1997) y la intensidad competitiva (Munuera et al., 2002). Aquí debemos destacar que, aparte de la confusión ya señalada entre rendimiento y efectividad, también puede haber desconcierto en cuanto a la consideración de determinadas variables que son claramente parte del entorno (crecimiento de la industria o tipo de consumidor) y que nosotros consideramos como moderadoras y no como determinantes.

En cuanto a la percepción del rol, se refiere a cómo percibe el comercial sus funciones y el conflicto que existe entre su orientación financiera y su orientación hacia el cliente (Flaherty et al., 1999; MacKenzie et al., 1998 y Brown et al., 1993), así como la ambigüedad entre ambas orientaciones. Esto lleva la creación de un "rol de beneficio propio para el vendedor" o a un "rol de beneficio común entre vendedor y empresa", es decir, el papel que desempeña el comercial desde el punto de vista propio y desde el punto de vista externo (MacKenzie et al., 1998).

El penúltimo grupo son las personales (Churchill et al., 1985; Dwyer et al., 2000; Cravens et al., 1972 y Spiro et al., 1990). En este grupo tenemos el uso de conocimientos técnicos (Baldauf et al., 2002), la motivación (Churchill, 1985; Walker et al., 1977 y Brashear et al., 1997), la satisfacción del comercial (MacKenzie et al., 1998, y Brown et al., 1993), la destreza (Churchill et al., 1985, Spiro et al., 1990), la aptitud (Churchill et al., 1985 y Spiro et al.,1990), la actitud (Brashear et al., 1997 y Grant et al.) y el compromiso del comercial (Brashear et al., 1997; MacKenzie et al., 1998; Brown et al., 1993; Piercy et al., 1998 y Grant et al., 1999). Algunos autores hablan de características del comercial o del jefe de equipo (Barker, 1999; Barker, 2001; Brashear et al., 1997; Babakus et al., 1994; Cravens et al., 1993 y Piercy et al., 1997; Canales, T., et al. 2005; Martín, P. et al., 2005; Deeter,-Schmelz, D., 2008) o de capacidad del comercial (tratado en Baldauf et al., 2002), sin distinguir entre las variables individuales que hemos mencionado anteriormente.

Finalmente, en cuanto a las variables de gestión de los recursos humanos, tenemos la formación de los comerciales (Munuera et al., 2002; Pelham, 2002, Babakus et al., 1994; Román et al., 2002 y El Ansary et al., 1993), las políticas de compensación (Babakus et al, 1994 Pelham, 2002), las técnicas y procesos de selección (Babakus et al., 1994 y E1 Ansary et al., 1993) y la rotación dentro del equipo de ventas (MacKenzie et al., 1998 y Brown et al., 1993). Aunque esta última se podría entender teóricamente como consecuencia de las anteriores, realmente influye en el rendimiento.

Por otro lado, aunque algunos autores (por ejemplo, Cravens et al., 1972; Brown et al.,1993) consideran estas variables determinantes, los ítems moderadores del rendimiento son: el tipo de consumidor al que la empresa se dirige (Baldauf et al., 2002; Munuera et al., 2002; Revilla, M. A et al., 2007; Ramsey, R., 2007) el tipo de producto que comercializa la empresa es otra variable moderadora (Baldauf et al., 2002 y Brown et al., 1993), la capacidad del comercial (Baldauf et al., 2002), el control (Barker, 1999 y Cravens et al., 1993), dentro del control, varios autores hablan en concreto del control del comportamiento, no del resultado como son Rajagopal, A., (2008); Piercy, N. et al., (2001); Craves, D. et al., (2004), los factores organizativos (Barker, 1999 y Piercy et al., 1997) y el crecimiento de la industria (Baldauf et al., 2002, Cravens et al., 1972).

TABLA 3:

Variables determinantes de la fuerza de ventas

Actividad de los directivos.	Ambigüedad.
Características de la F. de Ventas.	Rotación.
Diseño de territorios.	Selección
Venta relacional / venta adptativa.	Compensación.
Org. estratégica de la empresa.	Formación.
Planificación de ventas.	Compromiso.
Orientación a la calidad.	Satisfacción
Ambiente.	Destreza
Intensidad competitiva.	Aptitud
Uso de conocimientos técnicos.	Actitud

Fuente: Elaboración propia.

En definitiva, existe confusión teórica sobre los conceptos de rendimiento y efectividad de la fuerza de ventas, no obstante, esa confusión también define una vinculación entre ellos y una confluencia en las variables que lo determinan, por lo que, en la práctica, las empresas podrán actuar sobre las variables aquí mostradas y conseguirán mejores resultados (definamos este concepto de mejores resultados o como rendimiento o como efectividad). En los siguientes capítulos aportaremos los estudios empíricos que nos ayudarán a confeccionar una pre-validación de las relaciones entre la mejora en el rendimiento de la fuerza de ventas y la intensidad o cambios efectuados en las variables determinantes que acabamos de presentar.

5. Estudio empírico.

5.1. Planteamiento general. Objetivos e hipótesis de partida.

Los objetivos planteados en el estudio son los siguientes:

1. Validar que los bloques determinantes de variables que influyen en el rendimiento de la fuerza de ventas son los presentados en nuestro modelo.
2. Validar que las variables moderadoras del rendimiento de la fuerza de ventas son las presentadas en nuestro modelo.
3. Comprender las diferencias entre el enfoque del consumidor, el vendedor y el jefe de equipo comercial, sobre las variables que influyen en el rendimiento de la fuerza de ventas.
4. Determinar qué variables determinantes tienen, a priori, más influencia en el rendimiento de la fuerza de ventas.

Con los resultados del estudio se pretenden confirmar o rechazar las siguientes hipótesis:

1) Con una gestión más eficiente del departamento de ventas, éste incrementa su rendimiento.
2) Algunos entornos económicos concretos incrementan el rendimiento de la fuerza de ventas.
3) Con estrategias de recursos humanos más intensivas se consiguen mejores resultados en ventas.
4) La percepción del vendedor sobre sí mismo influye en sus resultados.
5) Determinados perfiles comerciales consiguen mejores resultados.

Para alcanzar los objetivos propuestos y confirmar o rechazar las hipótesis de partida se ha utilizado metodología cualitativa por considerar que es la más adecuada para el universo a estudiar y los temas a desarrollar.

Los colectivos a estudiar son los profesionales de ventas y los consumidores. Para obtener información del primer grupo se ha utilizado la técnica de entrevistas en profundidad. En el caso del colectivo de consumidores se ha aplicado la metodología de reunión de grupo. Ambos colectivos son los que interactúan de forma directa en la relación comercial y su percepción de la relación comercial varía porque la desarrollan desde puntos de vista diferentes y, en ocasiones, opuestos, por ello hemos creído necesario validar nuestro estudio desde ambas perspectivas.

5.2. Estudio cualitativo a profesionales

5.2.1.Metodología entrevistas en profundidad

La entrevista cualitativa es una técnica cualitativa de investigación de mercados que nos ayuda a comprender las motivaciones de nuestras unidades muestrales respecto a sus opiniones sobre el rendimiento de los departamentos comerciales. En este caso, es la técnica elegida, porque creemos que precisamos obtener un punto de vista profundo desde dentro del propio departamento comercial, tanto en el nivel del vendedor, como en el nivel del jefe de equipo o director de equipo de ventas. Esta muestra nos permite comprender la relación de venta desde la realidad activa que desarrollan los propios profesionales de la venta y entender cómo analizan a sus clientes, cómo implantan sus estrategias y qué opinan sobre las variables determinantes y moderadoras que hemos analizado en el modelo de rendimiento de la fuerza de ventas. Entendemos que la proporción de unidades muestrales de jefes respecto a vendedores representa, en parte, la proporción real en le mercado, añadiendo un coeficiente corrector, ya que precisamos opiniones expertas de los directores porque poseen gran influencia sobre muchas de las variables reflejadas en este estudio.

TABLA 4:
Ficha técnica entrevistas en profundidad

Técnica	Entrevistas en profundidad
Universo	Profesionales de ventas: Mandos intermedios y vendedores
Numero de entrevistas	8 entrevistas Ver Anexo A
Muestreo	No aleatorio por cuotas: - Vendedores: 50 % - Jefes de ventas 50%
Carta de presentación	Ver Anexo C
Guión entrevista	Ver Anexo D
Duración de la entrevista	30 minutos
Lugar de realización de la entrevista	Sala de reuniones en Madrid
Fecha de realización	Junio 2011

Fuente: Elaboración propia

5.2.2. Resultados principales estudio a profesionales

1) Qué variables relacionadas con la gestión general de la empresa influyen en le rendimiento de la fuerza de ventas y cómo.

La principal idea es que el tipo de empresa lo construye el tipo de directivo y que la confianza de los mandos en ventas y de los vendedores en el equipo directivo influye en su rendimiento, positiva o negativamente, a través de la motivación. Asimismo, es importante destacar, que el personal de ventas ve a los directivos como personas que no suelen entender, en general, el desarrollo del trabajo de campo, por lo que valoran mucho que la gestión de la empresa dote al departamento de ventas de herramientas y apoyos de otros departamentos para conseguir su objetivo, pero siempre mirando por el trabajo de campo, buscan facilitadores. Se destacan las variables "organización estratégica" y "planificación estratégica orientadas a la venta".

2) Variables del entorno y el ambiente.

La intensidad competitiva es vista como un problema para la venta más que como una ventaja. El equipo de ventas prefiere una menor intensidad o disponer de elementos para conseguir ubicar su producto por encima del resto con aportes como descuentos, regalos u otros que faciliten su labor. Las guerras de precios se ven como una situación de desventaja y se prefieren unas "reglas del juego estables". Algunas unidades muestrales ofrecieron la idea de utilizar campañas específicas de promoción para romper la estabilidad y ganar clientes de forma rápida, pero siempre como algo temporal. Obviamente, se prefieren tiempos de bonanza económica y un entorno que facilite el crédito para que sea más fácil capturar clientes. Entre los mandos se ve una mayor disposición para analizar a largo plazo, los vendedores ven el horizonte mes a mes, sin reparar en exceso en las tendencias, salvo los responsables de grandes cuentas.

3) Las variables personales del comercial.

Los jefes de equipo creen que la actitud es fundamental. Les gustan las personas formadas pero no "sobreformadas" y con capacidad de adaptarse a la metodología que los jefes de equipo imponen en sus equipos. Reconocen que en ocasiones necesitarían más tiempo que el que ofrece la empresa para desarrollar a sus vendedores antes de tener que prescindir de ellos porque no cumplen objetivos. El sexo les es indistinto en la elección del equipo, sobre todo si vende a consumidor final. Prefieren personas que tengan verdadera necesidad de trabajar porque entienden que esas personas soportan mejor la presión de trabajar en un departamento de ventas.

4) La percepción del rol del vendedor sobre sí mismo.

La mayoría del personal de ventas se ve en sus puestos, por accidente, aunque la mayoría continuarían "sine die" trabajando en ventas. Algunos no ven recompensado su trabajo en sus salarios fijos, aunque la mayoría sí lo ven en la parte variable. Se sienten importantes para la empresa y para las personas que compran los productos, porque asesoran al cliente. Reconocen que a veces anteponen sus objetivos a los del cliente y a los de la empresa.

5) Las variables de gestión de los recursos humanos.

Se consideran importantes como base para conseguir equipos estables y reducir la rotación, pero la implicación de los jefes de ventas en las tareas de RRHH hace que la línea entre quién hace cada tarea sea difusa. En general, opinan, tanto vendedores como jefes de ventas, que políticas modernas, orientadas, de respeto del personal, de integración y de motivación, ayudan al rendimiento. La reducción de la rotación es la gran preocupación de los jefes de equipo, seguida de la imposibilidad de encontrar buenos recursos para los equipos o del volumen necesario de candidaturas para completarlos. Creen que un buen departamento de RRHH en la empresa es muy importante para su éxito.

6) Validar que las variables moderadoras del rendimiento de la fuerza de ventas son las presentadas en nuestro

modelo: Consumidor, producto, capacidad del comercial, control, capacidad de organización y crecimiento del mercado.

Los jefes de equipo ven diferencias entre variables moderados y variables determinantes. El tipo de consumidor, según ellos, influye en le rendimiento, el producto también (hablan de productos cíclicos y de productos continuos). El control, según los jefes de equipo, influye de forma directa en los resultados, para los vendedores, el exceso de control deriva en pérdida de rendimiento. Los factores del mercado, se ven como determinantes porque las unidades muestrales no distinguen su producto del mercado en el que opera, se analizan ambas cosas al unísono, la confluencia de ambos conceptos es una unidad de análisis que varía en el tiempo y que condiciona los ratios de venta.

7) Comprender las diferencias entre el enfoque del consumidor, el vendedor y el jefe de equipo comercial, sobre las variables que influyen en el rendimiento de la fuerza de ventas.

Entre el consumidor y los vendedores/jefes de equipo, sí existen diferencias, como se ve en las conclusiones del estudio. No obstante, no existe tanta diferencia entre el enfoque del vendedor y del jefe de equipo, salvo la visión de los resultados a largo y a corto plazo.

8) Determinar qué variables determinantes tienen, a priori, más influencia en el rendimiento de la fuerza de ventas.

Se definen como fundamentales: el tipo de vendedor, el tipo de producto, el sector, el lugar de venta, el tipo de cliente, la remuneración y motivación.

- Responder a las siguientes cuestiones:

¿Con una gestión más eficiente del departamento de ventas, éste incrementa su rendimiento? Con más control, mejores herramientas o políticas intensivas en técnicas de RRHH.

Los jefes de venta siempre quieren dar la última palabra sobre las incorporaciones del vendedor a sus equipos.

Ven al departamento de RRHH como una ayuda pero creen que deben rematar ellos el trabajo que éstos hacen. Prefieren, en general, tener acceso a perfiles muy determinados de vendedores aunque no saben definir exactamente, debido a que no suelen poseer formación específica en RRHH, cuál es el perfil concreto y ideal para sus equipos. Confían poco en pruebas objetivas de selección (sólo como filtro) y mucho en las dinámicas de grupo, entrevistas, role-plays y "puestas en pista" (formación sobre le terreno con los vendedores contratados para evaluar si trabajan adecuadamente en entornos reales). Prefieren reducir la formación en producto y optimizar el tiempo probando a los vendedores sobre el terreno. Piensan que la mayor motivación para el vendedor es su sueldo, de forma individual, sin contar tanto con remuneraciones grupales. También desean grupos heterogéneos para que haya concordia en los equipos, lo que ven como un catalizador de buenos resultados.

Los vendedores, en este caso, individualizan mucho sus respuestas y son más subjetivas. Los jefes quieren equipos a su imagen y semejanza. Todos creen que las estrategias de desarrollo en RRHH sí generan mejores resultados a largo plazo.

¿Qué entornos económicos concretos incrementan el rendimiento de la fuerza de ventas? ¿Qué tipo de clientes? ¿Qué características de la competencia?

Los entornos abiertos y de competencia no son los preferidos, se prefieren menos rivales y poseer gran información sobre ellos para poder argumentar al cliente y poder comparar el producto, con estabilidad competitiva. Se prefiere la bonanza económica por la predisposición del cliente a comprar y por la posibilidad de crecimiento y de acceso al crédito por parte del comprador. Algunas unidades ven la crisis como una oportunidad pero sólo en ámbitos muy reducidos.

¿Qué perfil de vendedor trabaja mejor y consigue mejores resultados?

Aún existiendo importantes tasas de desempleo en España, existen problemas de reclutamiento. Los directores de ventas prefieren personas menos formadas técnicamente y con mejor actitud. Existe una rotación elevada por los comerciales "sobrevenidos". Distinguen claramente que según al cliente al que se dirigen, el sexo del vendedor, el estilo de venta, la imagen y la forma de comunicación tienen influencia en los resultados.

¿La percepción del vendedor sobre sí mismo influye en sus resultados?

Sí, porque influye en su motivación. Lo reconocen tanto los jefes como los vendedores. El tipo de resultado obtenido y el volumen de ventas dependen de la autoimagen del vendedor. Los vendedores que se ven como "comandos" son más proclives a pensar en el corto plazo, cuanto más orientados están al servicio, más piensan en el largo plazo.

5.3. Estudio cualitativo a consumidores

5.3.1.Metodología reuniones de grupo

Para comprender el punto vista del consumidor, utilizaremos como técnica de investigación la dinámica de grupo. Esta técnica nos permite conocer opiniones y motivaciones de los compradores para validar nuestro modelo y nuestras hipótesis. Hemos elegido esta técnica porque nos aporta una dosis findamental de interacción entre las unidades muestrales que es análoga al comportamiento de compra, influido por otros consumidores. Como en este caso, entendemos que podrían existir diferencias significativas entre sexos en el comportamiento de compra, hemos validado nuestras hipótesis con una muestra que se reparte al 50% entre hombres y mujeres. Se ha repetido el estudio en dos ocasiones para conseguir unos resultados medios más estándar.

TABLA 5:
Ficha técnica reuniones de grupo

Técnica	Dinámica de grupo
Colectivo	Consumidores
Numero de reuniones	2 reuniones (12 consumidores en total)
	Ver Anexo B.
Muestreo	No aleatorio por cuotas (variable sexo)
	- Hombres: 50 %
	- Mujeres 50 %
Guión reunión	Ver Anexo E
Duración de las reuniones	60 minutos aproximadamente
Lugar de realización de la entrevista	Sala de reuniones en Madrid
Fecha de realización	Junio 2011

Fuente: Elaboración propia

5.3.2. Resultados principales estudio a consumidores

Los consumidores son la otra parte fundamental de nuestro estudio, ya que deberían ayudarnos a entender cómo perciben a los equipos de ventas y siendo ellos quienes compran, son determinantes en el rendimiento.

No existe diferencia entre el comportamiento de compra de consumidores ocupados y desocupados antes estímulos de vendedores que les vendan proactivamente.

Por edades, las personas de más de 40 años prefieren que, habitualmente, les vendan personas de su edad o mayores, pero depende del tipo de producto que compren.

Por sexo, no existen diferencias significativas entre hombres y mujeres, aunque dos unidades muestrales, femeninas, hicieron hincapié en que si una mujer les vendía, yendo con su pareja (masculina) de forma agresiva, intentarían boicotear la venta.

Todos expresaron que para productos de alta implicación (dicho por ellos como "caros" o que "compran pocas veces" o que "precisan de mucha confianza") prefieren personas que por su aspecto físico generen confianza (según ellos, vestir de traje, ser de más edad, postura más formal, serían ejemplos de esto.

Los consumidores creen que los vendedores proactivos bajan su rendimiento porque son selectivos en le momento de abordar a los clientes, buscando afinidades para incrementar su eficiencia y descartando a algunos clientes potenciales que podrían ser clientes reales. En este caso, se refirieron claramente a la venta en stands en la que los consumidores son abordados.

Todos prefieren vendedores bien formados pero que no demuestren el conocimiento en exceso, sólo si es necesario para aclarar las dudas del cliente.

Nuestras unidades muestrales opinan que les resulta "agobiante", en ocasiones, la venta proactiva. Prefieren ser abordados en menos ocasiones o visitados en menos ocasiones pero con mayor concreción sobre sus gustos o necesidades. Comparan, en ocasiones, la venta proactiva con la venta telefónica.

Hay sectores que creen que se han extralimitado ofreciendo productos, destacan el de telecomunicaciones, el de banca y el de energía. Creen que a veces se vende por vender sin pensar en sus necesidades.

Los consumidores comprarían con venta proactiva todo tipo de productos aunque con más dificultades los productos de gran inversión o de alta implicación.

Prefieren que los productos que se les vende de forma proactiva tengan que ver con el lugar de venta, por ejemplo, entienden que si el producto es para el hogar se les visite en su hogar (telecomunicaciones, energía). Si el producto tiene que ver con su vehículo (un seguro de automóvil, por ejemplo) que el comercial se sitúe cerca de donde está su vehículo. Se observa una clara tendencia a la venta en stand, tanto que algunos consumidores expresan sensación de saturación y también percepción de poca profesionalidad de algunos vendedores que abordan en stands.

Nuestra muestra desea vendedores con conocimiento exhaustivo del producto, sin ser "pesado" y que comprenda sus necesidades y, sobre todo, sus tiempos de compra, para no sentirse agobiados por la presión del vendedor. En general, tienen más probabilidad de comprar a personas con la que se mimetizan o empatizan (los consumidores lo llaman "personas parecidas a mí"). Lo que se contradice con el hecho del párrafo anterior.

Cuando se les pregunta por productos que no tenían intención de comprar y ha comprado, los consumidores se dispersan y confunden la venta proactiva con la compra impulsiva. Después de orientarles expresan que realmente no suelen comprar productos que no desean, aunque reconocen que a veces, la empatía con un comercial hace que se les despierten necesidades que no habían detectado.

La mayoría de los consumidores no abren al puerta de casa si saben que la llamada a la puerta es para vender un producto.

Los consumidores no quieren que el comercial les diga lo que quieren oír, sino lo que necesitan oír y respuestas a lo que ellos preguntan.

Nunca comprarían productos a vendedores que les generen desconfianza y que no les escuchen. Existen matices personales pero no son una generalidad como para expresarlos en este estudio.

Los hombres dicen que no suelen decidir solos sus compras. Las mujeres dicen que sí las deciden aunque consultan y que influyen en la compra de sus parejas de forma notoria.

6. Conclusiones y revisión de hipótesis

A partir del análisis bibliográfico realizado, hemos propuesto un modelo integrador que sirve para comprender la incidencia de determinadas variable en el rendimiento de la fuerza de ventas. La primera aportación teórica se refiere a la confusión existente en la literatura sobre rendimiento y efectividad. Para nosotros, el primero es un precursor de la segunda.

Como resultado principal del trabajo, podemos destacar que hemos reducido nuestro modelo a tres bloques fundamentales que influyen en el rendimiento de la fuerza de ventas: gestión de RRHH, sistemas de control y estrategias de motivación.

Partíamos, en nuestra revisión bibliográfica, de un modelo más amplio de variables determinantes y variables moderadoras del rendimiento de la fuerza de ventas. En nuestro análisis hemos descubierto que, a falta de validar con más profundidad todas las variables, según los resultados empíricos, existe una gran confusión práctica entre qué variables son determinantes y qué variables son moderadoras. Los profesionales de la fuerza de ventas "mezclan" y entienden de manera indistinta lo que los autores consultados separaban como variables determinantes y variables moderadoras del rendimiento de la fuerza de ventas.

Sabiendo que las variables de RRHH son muy importantes en el rendimiento, podemos concluir que son fundamentales en la consecución de excelentes resultados de ventas, cada uno de los siguientes items:

- Elección del perfil del vendedor y su ajuste.
- Elección del jefe de equipo y su ajuste.
- Utilizar técnicas de selección ajustadas al tipo de perfil que queramos conseguir.
- La formación influye directamente en el rendimiento.
- A través de estrategias adecuadas en el ámbito de los RRHH conseguiremos reducir la rotación.
- En función de la formación que impartamos el rendimiento conseguido puede ser mejor o peor del esperado y también con resultados distintos, con rendimientos de tipología diferente.

- Los jefes de equipo son, en ocasiones, poco objetivos y crean sus equipos a su imagen y semejanza.

En cuanto a los sistemas de control, destacamos lo siguiente:

- El sistema de control es un precursor del rendimiento.
- La "sensación" de control en los vendedores consigue que éstos vendan más y mejor.
- Conforme a la metodología de control que utilicemos y de las variables de control en las que hagamos hincapié, los vendedores conseguirán un tipo de rendimiento u otro, incluso cambiando la percepción del tiempo en los vendedores.

Sobre el tercer bloque, las estrategias de motivación, podemos concluir lo siguiente:

- Los vendedores no sólo se motivan con dinero. Aunque el dinero es su mayor motivación.
- Sin una motivación adecuada por parte de la empresa, los vendedores trabajan predominantemente para conseguir resultados en el corto plazo, sin pensar en exceso en le medio y largo plazo.

- El estilo de dirección del jefe de equipo influye directamente en la motivación del vendedor y en su percepción de su figura dentro de la empresa.
- Los jefes de equipo reparten sus esfuerzos y su motivación entre corto y medio-largo plazo, más que los vendedores.

También hemos analizado y concluido que las variables sectoriales y del entorno influyen en el rendimiento, como ya se ha visto en epígrafes anteriores, pero no podemos aseverar de manera concreta, debido a limitaciones concretas de este estudio, si la relación de estas variables es directa en le rendimiento o indirecta a través de la moderación de los bloques determinantes expuestos anteriormente. Existe una influencia pero no podemos determinarla en este trabajo.

En la siguiente tabla pueden comprobar la validación de las hipótesis que se extrae de nuestro estudio. En resúmen, éste trabajo quería aportar un enfoque diferente a la literatura sobre rendimiento de la fuerza de ventas, objetivo que se ha conseguido parcialmente, ya que se han confirmado total o parcialmente algunas hipótesis y otras se han desmentido, quedando pendientes de resolver algunas cuestiones que sólo salvando las limitaciones de este trabajo, en futuros estudios, será posible subsanarlas y conseguir el objetivo de separar claramente, los conceptos de variables determinantes y variables moderadoras, medir estadísticamente el efecto de cada una de ellas en el rendimiento de la fuerza de ventas y, por último, comprender cómo afectan los factores ambientales, circunstanciales y sectoriales a un modelo completo de variables testeado cuantitativamente.

FIGURA 3:

Resultado del estudio

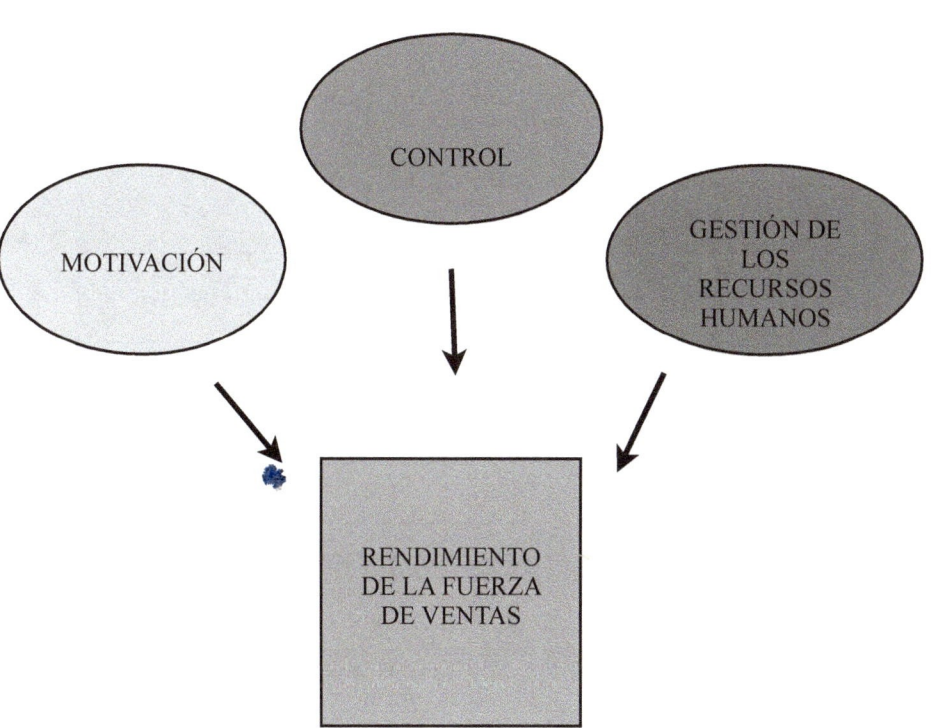

Fuente: Elaboración propia

TABLA 6:
Revisión de Hipótesis

HIPOTESIS	RESULTADO ESTUDIO
1. Mejores políticas de RRHH y más adaptadas generan mayores rendimientos	SE CONFIRMA
2. Los sistemas de control estimulan el rendimiento de la fuerza de ventas	SE CONFIRMA
3. Los sistemas de control orientan el tipo de rendimiento de los vendedores.	SE CONFIRMA
4. Las estrategias incentivas en técnicas de motivación influyen directamente en el rendimiento de la fuerza de ventas.	SE CONFIRMA
5. Los sectores influyen en el efecto de las variables determinantes del rendimiento de la fuerza de ventas.	SE CONFIRMA PARCIALMENTE
6. La autopercepción del rol del vendedor influye en su tipo de rendimiento	SE CONFIRMA
7. El perfil del vendedor siempre influye en su rendimiento en función del sector	SE CONFIRMA PARCIALMENTE
8. El estilo de dirección influye en el rendimiento	SE CONFIRMA PARCIALMENTE
9. Los vendedores sólo se motivan con dinero	SE DESMIENTE
10. Los vendedores trabajan para el corto plazo	SE CONFIRMA PARCIALMENTE
11. Los jefes de ventas trabajan para el largo plazo	SE CONFIRMA PARCIALMENTE

Fuente: Elaboración propia

7. Implicaciones para la gestión

Como podrán leer más adelante, este trabajo abre la puerta a futuras investigaciones que tendrán implicaciones profundas en la gestión de los equipos de ventas. No obstante, de este estudio, las empresas, pueden conseguir importantes ideas para poder desarrollar nuevas estrategias de gestión comercial que incrementen el rendimiento o ahondar en estrategias existentes con la certeza de que su resultado será positivo.

En primer lugar, cabe destacar que se confirma que existen tres grandes bloques de control de la empresa que determinan en gran medida el rendimiento de la fuerza de ventas:

1.- Gestión de RRHH (sin incluir estrategias de motivación, que merecen un bloque aparte).
En este bloque, encontramos variables tan importantes como la selección, la formación, la definición de perfiles comerciales, la búsqueda de gestores de equipos con

talento o la determinación estratégica del rol del comercial.

Las estrategias y políticas intensivas en técnicas de RRHH que ayuden a encontrar mejores perfiles, a adaptar el perfil comercial a la empresa y al sector o las estrategias de reducción de rotación de personal constituyen uno de los pilares del rendimiento de la fuerza de ventas. Las empresas que piensen en el comercial como una mera persona que cataliza intercambios sin recurrir a técnicas avanzadas de RRHH conseguirán resultados inferiores a la media. Y más importante aún, las empresas que sean capaces de conseguir gestores de equipos comerciales capaces de gestionar con éxito estas variables, conseguirán equipos de mucho mayor rendimiento, acortando curvas de aprendizaje y consiguiendo estabilidad a medio y largo plazo que se traducirá en rendimiento interno (rentabilidad de la empresa y del trabajador) y externo (rentabilidad para el cliente), cerrando el círculo del rendimiento de la fuerza de ventas.

2.- Sistemas de control.

El segundo pilar fundamental del rendimiento de la fuerza de ventas es el control y la sensación de control en los equipos de ventas. Extraemos que la manera de ejercer el control sobre los equipos determina no sólo el rendimiento sino el tipo de rendimiento. Conforme a la información que queramos recibir de los vendedores conseguiremos que ellos se orienten en sentidos distintos, a veces complementarios, en su trabajo diario. Los sistemas de control cualitativo, generan ventas más completas, es decir, ventas con clientes más satisfechos, más leales y mejores pagadores. Los sistemas de control puramente cuantitativos reflejan rendimiento de la fuerza de ventas a corto plazo, con mayor rotación, y mayor presión pero con resultados muy evidentes de forma inmediata. Entendemos, al realizar este estudio que el control no sólo se utiliza para saber qué sucede con la producción de los equipos, sino para orientar a los equipos hacia el resultado que la empresa pretende obtener.

3.- Estrategias de motivación.

Hemos querido extraer este bloque, aunque conceptualmente debería incorporarse al bloque número 1 sobre gestión de RRHH, porque su influencia en el rendimiento es capital. Los sistemas de motivación mantienen los equipos de ventas en funcionamiento tanto en momentos de buenos resultados como de malos resultados. Los vendedores quieren recibir rendimiento de forma rápida y sencilla (normalmente rendimientos económicos, aunque sin excluir rendimientos de otros tipos). La motivación, conseguida por cualquiera de las dos vías expuestas consigue mejores resultados en la venta y reduce la rotación. Este estudio nos ofrece la posibilidad de comprender que si entendemos los dos bloques anteriores (RRHH y control), tendremos posibilidades de canalizar más fácilmente la motivación de los equipos para conseguir el triple resultado comercial: vendedores felices y con menos rotación, clientes leales y satisfechos, y una empresa sana desde el punto de vista financiero.

Por concluir, a falta de validar cuantitativamente el efecto de los bloques y sus variables en el rendimiento de los equipos, nuestro trabajo aporta certezas en las líneas maestras sobre las que deben trabajar las empresas y sus directivos, así como los jefes de equipos de ventas para perfeccionar sus estrategias, tácticas y procesos, con el fin de ser más efectivos y eficientes, aumentando el rendimiento de la fuerza de ventas a corto, a medio y a largo plazo.

8. Limitaciones y futuras líneas de investigación.

Todo estudio debe expresar sus limitaciones y los siguientes posibles pasos a seguir como futuras líneas de investigación. En nuestro caso, las limitaciones más importantes están relacionadas con la muestra y con la dificultad de obtención de bibliografía actualizada para poder desarrollar el estudio con artículos recientes sobre el rendimiento y la efectividad de la fuerza de ventas. Por último, hemos encontrado, debido a la metodología utilizada, importantes dificultades para conseguir resultados precisos sobre el efecto de las variables moderadoras, ya que existe confusión sobre ellas, no sólo entre los autores de nuestra revisión bibliográfica, sino entre las propias unidades muestrales de profesionales de la venta. Esperamos que futuros estudios con aplicación de técnicas cuantitativas pueda resolver estas dificultades.

En el caso de la muestra, podemos dividir las limitaciones en dos partes:

1.- Tamaño de la muestra: A pesar de que el estudio se ha realizado con una muestra suficiente para aplicar técnicas cualitativas de investigación, la proporción de unidades muestrales de consumidores finales es escasa en comparación a la proporción real de consumidores sobre vendedores y profesionales de las ventas. Con un tamaño muestral mayor, podríamos haber validado en más profundidad las relaciones entre variables y su afección sobre el rendimiento de la fuerza de ventas.

2.- Variedad de la muestra: La muestra ha sido consumidores residentes en Madrid y de profesionales de las ventas que ejercen su profesión en Madrid. Asimismo, los sectores para los que trabajan las unidades muestrales profesionales no representan la mayoría de los sectores productivos de la economía, por lo que podrían existir diferencias sectoriales que no se recogen en el estudio.

Respecto a la biliografía utilizada, por desgracia, no existe un gran cuerpo de conocimiento en España sobre rendimiento de la fuerza de ventas, aunque, eso sí, es, afortunadamente creciente, por lo que la mayoría de las ideas recogidas en el estudio emanan de fuentes de países distintos a España, lugar donde se han validado los modelos.

Las futuras líneas de investigación derivan de las limitaciones expresadas en este documento. Por una parte, se debería validar este estudio con técnicas cuantitativas para medir matemáticamente las relaciones entre variables, la fortaleza de la relación y el sentido de ésta. Este posible trabajo futuro tendría que suplir las limitaciones del actual de la siguiente manera:

1.- Ampliando las muestras de consumidores y de profesionales de las ventas.

2.- Ampliando el ámbito de análisis a otras ciudades españolas y también a otros países para medir las diferencias nacionales.

3.- Ampliando la variedad de las muestras para poder abarcar otros sectores productivos: venta de productos vs. venta de servicios, diferencias sectoriales, diferencias entre canales de venta u otros que servirían para matizar el modelo de acuerdo con la casuística comercial real, lo que sería muy importante para conseguir implicaciones profundas en la gestión comercial de las empresas.

Con todo ello, aunque el trabajo ha avanzado en el análisis del rendimiento de la fuerza de ventas y las variables que lo configuran, se progresa para poder realiza otros estudios, más profundos y completos que hagan avanzar en el conocimiento del área de forma específica y general, para mejorar la gestión de los equipos comerciales y la sensibilidad del rendimiento ante decisiones y estrategias empresariales.

9. Bibliografía

ANDERSON, E. (1985) "The Salesperson as Outside Agent or Employee: A Transaction Cost Analysis". Marketing Science. Summer 1985. Vol. 4, Iss. 3; p. 234-254

ARTAL, M. (2001). "Dirección de Ventas". Esic Editorial.

BABAKUS, E. ; CRAVENS, D. W. ; GRANT, K. , INGRAM, T. N. Y LAFORGE, R. W. (1994) "Removing salesforce performance hurdles". The Journal of Business & Industrial Marketing. Vol. 9, Iss. 3; p. 19-29

BABAKUS, E. ; CRAVENS D. W.; GRANT, K. ; INGRAM, T.N Y LAFORGE, R. W. (1996) "Investigating the relationships among sales, management control, sales territory design, salesperson performance, and sales organization effectiveness". International Journal of Research in Marketing. Amsterdam. Vol. 13, Iss. 4; (Octubre) p. 345-363

BALDAUF, A.; CRAVENS, D. W. Y PIERCY, N. F. (2001) "Examining business strategy, sales management, and salesperson antecedents of sales organization effectiveness", The Journal of Personal Selling & Sales Management. Spring 2001. Vol. 21, Iss. 2; p. 109-122

BALDAUF, A. Y CRAVENS, D. W. (2002) "The effect of moderators on the salesperson behavior performance and salesperson outcome performance and sales organization effectiveness relationships". European Journal of Marketing. Vol. 36, Iss. 11/12; p. 1367-1388

BARKER, A. T. (2001) "Salespeople characteristics, sales managers' activities and territory design as antecedents of sales organization performance". Marketing Intelligence & Planning. Vol. 19, Iss. 1; p. 21

BARKER A. T.. (1999) "Benchmarks of successful salesforce performance". Revue Canadienne des Sciences de l'Administration. Vol. 16, Iss. 2; (Junio) p. 95-104

BELLOD, J. F. (2007); "Crecimiento y Especulación Inmobiliaria en la Economía Española"; revista Principios – Estudios de Economía Política, nº 8, 2007, pp. 59 – 84.

BOLES, J.; BRASHEAR, T.; BELLENGER, D. Y BARKSDALE H. JR (2000) "Relationship selling behaviors: antecedents and relationship with performance". The Journal of Business & Industrial Marketing. Vol. 15, Iss. 2/3; p. 141

BRASHEAR, T. G.; BELLENGER, D. N.; BARKSDALE, H.C. E INGRAM, T. N (1997) "Salesperson behavior: antecedents and links to performance", The Journal of Business & Industrial Marketing. Vol. 12, Iss. 3/4; p. 177-184

BROWN, S. P., Y PETERSON, R. A. (1993) "Antecedents and consequences of salesperson job satisfaction: Meta-analysis and assessment of causal effects", Journal of Marketing Research. Vol. 30, Iss. 1; (Febrero) p. 63-77

CANALES RONDA, P. Y KÜSTER BOLUDA, I. (2005) "Control del vendedor y efectividad de la fuerza de ventas" ESIC. Especial EMARK 2005. Publicación en CD-ROM.

CERVIÑO, J y CUBILLO, J. (2008). Marketing Secotiral. ESIC Editorial. Madrid.

CHONKO L.B.; LOE, T.N.; ROBERTS, J. A. Y TANNER, J.F. (2000) "Sales performance: Timing of measurement and type of measurement make a difference", The Journal of Personal Selling & Sales Management. Winter 2000. Vol. 20, Iss. 1; p. 23-36

CHURCHILL, G.A. JR.; FORD, N.M.; HARTLEY, S.W. Y WALKER O. C. JR. (1985) "The determinants of salesperson performance: A meta-analysis", Journal of Marketing Research. Vol. 22, Iss. 000002; (Mayo) p. 103-118

CRAVENS, D. E.; WOODRUFF, R.B. Y STAMPER, J. C. (1972) "An Analytical Approach for Evaluating Sales Territory Performance", Journal of Marketing Vol. 36, Iss. 000001; (Enero) p. 31-37

CRAVENS, D. W.; LAFORGE, R. W.; PICKETT, G. M. Y YOUNG, C. E. (1993)"Incorporating a quality improvement perspective into measures of salesperson performance". The Journal of Personal Selling & Sales Management. Winter 1993. Vol. 13, Iss. 1; p. 1-14

CRAVENS, D. W.; INGRAM, T. N.; LAFORGE, R. W. Y YOUNG, C. E. (1993) "Behavior-based and outcome-based salesforce control systems", Journal of Marketing. Vol. 57, Iss. 4; (Octubre) p. 47-59

CRAVENS, D.; LASSK, F.; LOW, G.; MARSHALL, G.; MONCRIEF, W (2004). "Formal and informal management control combinations in sales organizations: The impact on salesperson consequences". Journal of business research. N° 57. pp. 241-248

DAWN, R.; DEETER-SCHMELZ, D.; NORMAN, K. (2008). "What are the characteristics of an effective sales manager an exploratory study comparing salesperson and sales maanger perspectives" .Journal of personal selling & sales management. Vol XXVIII, n° 1. WInter 2008. pp 7-20.

DWYER, S.; HILL, J. Y MARTIN, W. (2000) "An empirical investigation of critical success factors in the personal selling process for homogenous goods". The Journal of Personal Selling & Sales Management. Summer 2000. Vol. 20, Iss. 3; p. 151-159

EL-ANSARY, A. I.; ZABRISKIE, N. B. Y BROWNING, J. M. (1993) "Sales teamwork: A dominant strategy for improving saleforce", The Journal of Business & Industrial Marketing. Vol. 8, Iss. 3; p. 65-72

FLAHERTY, T. B.; DAHLSTROM, R. Y SKINNER, S. J. (1999) "Organizational values and role stress as determinants of customer-oriented selling performance",

The Journal of Personal Selling & Sales Management. Spring 1999. Vol. 19, Iss. 2; p. 1-18

FUENTES, J. y GÓMEZ, M. (2007) "Variables determinantes del rendimiento de la fuerza de ventas: un modelo integrador. Investigación y marketing". Investigación y Marketing. N° 96. Septiembre de 2007.

FUENTES, J. (2009) "Cooking Sales, vender más y mejor". Ibersaf Editores.

FUENTES, J. (2010). "Francotiradores y selectivos". Diario el Economista, 7 de abril de 2010.

FUENTES, J. (2010). "Escuelas de voluntad". Cinco Días 18 de diciembre de 2010.

GOLEMAN, D (2001) "Inteligencia Emocional". Editorial Kairós.

GRANT, K. Y CRAVENS, D. W. (1999) "Examining the antecedents of sales organization effectiveness: an Australian study". European Journal of Marketing. Vol. 33, Iss. 9/10; p. 945-957

GEOFFREY, J. (2011). "Cuando el secreto está en el equipo de ventas". Harvard Deusto Marketing y Ventas. N°. 102, 2001, P. 70-73

JACKSON, D. W.; SCHLACTER, J. L. Y WOLFE, W. G. (1995) "Examining the bases utilized for evaluating salespeoples' performance". The Journal of Personal

Selling & Sales Management. Fall 1995. Vol. 15, Iss. 4; p. 57-65

MACKENZIE, S. B.; PODSAKOFF, P.M.; AHEARNE, M. (1998) "Some Possible Antecedents and Consequences of In-Role and Extra-Role Salesperson Performance". Journal of Marketing. Vol. 62, Iss. 3; (Julio) p. 87-98

LEIGH, T.. W.; BOLMAN PULLINS, E. Y COMER, L. B. (2001) "The top ten sales articles of the 20th century". The Journal of Personal Selling & Sales Management. Summer 2001. Vol. 21, Iss. 3; p. 217-227

MANTRALA, M. K. Y RAMAN, K. (1990). "Analysis of a Sales Force Incentive Plan for Accurate Sales Forecasting and Performance" International Journal of Research in Marketing. Vol. 7, Iss. 2,3; (Diciembre) p. 189-202.

MASLOW, A. (1943). "A Theory of Human Motivation". Psychological Review, 50, 370-396.

MUNUERA ALEMÁN, J. L.; RUIZ DE MAYA, S. Y ROMÁN NICOLÁS, S. (2002) "Efectos de la formación y de la intensidad competitiva sobre el rendimiento y la efectividad de la fuerza de ventas: un estudio empírico a nivel europeo" Revista europea de dirección y economía de la empresa. Vol. 11, Nº 1, pags. 183-196

PELHAM, A. M. (2002) "An exploratory model and initial test of the influence of firm level consulting-oriented sales force programs on sales force performance". The Journal of Personal Selling & Sales Management. Spring 2002. Vol. 22, Iss. 2; p. 97-109

PIERCY, N. F.; CRAVENS, D. W. Y MORGAN, N. A. (1997)"Sources of effectiveness in the business-to-business sales organization", Journal of Marketing Practice. Vol. 3, Iss. 1; p. 45

PIERCY, N. F.; CRAVENS, D.W. Y MORGAN, N.A. (1998) "Salesforce performance and behaviour-based management processes in business-to-business sales organizations", European Journal of Marketing. Vol. 32, Iss. 1/2; p. 79-100

PIERCY, N.; CRAVENS, D.; LANE, N. (2001). "Salesmanager behavior control strategy and its consequences: The impacto of gender differences. Journal of personal selling & sales management. Volume XX1, number 1 (Winter 2001, pages 39-49).

PUZO, M. (2005). "El Padrino". Ediciones B. Barcelona.

RAJAGOPAL, A. (2008) "Team performance and control process in sales organizations". Team performance management. Vol14 No 1/2 p. 70-85.

RAMSEY, R.; MARSHALL, G.; JOHNSTON, M.; DEETER-SCHMELZ, D. (2007). "Ethical ideologies and older consumer percepctions of unethical sales tactics".Journal of business ethics. 70. pp. 191-207.

REVILLA, M.A.; GALLEGO, M.A. (2007) "La importancia de la ética en la venta desde el punto de vista del consumidor". Investigaciones europeas de dirección y economía de la empresa. Vol 13. N°1. 2007, pp. 209-230.

ROMÁN, S.; RUIZ, S. Y MUNUERA, J. L.   (2002) "The effects of sales training on sales force activity". European Journal of Marketing. Vol. 36, Iss. 11/12; p. 1344-1366

SENGE, P. (1993). "La quinta disciplina". Ed. Granica. Barcelona.

SPIRO, R. L. Y WEITZ, B. A (1990). "Adaptive Selling: Conceptualization, Measurement, And Nomololgical Validity"., Journal of Marketing Research. Vol. 27, Iss. 1; (Febrero) p. 61-69

SZYMANSKI, D. M. (1988) "Determinants of selling effectiveness: the importance of declarative knowledge to the personal selling concept" Journal of Marketing Vol. 52, Iss. 1; (Enero). p. 64-77

TALEB, N. (2008) "El Cisne Negro", Editorial Paidós. Barcelona.

WALKER. O. C. JR.; CHURCHILL, G. A.Y JR, FORD, N. M.   (1977) "Motivation and performance in industrial selling: Present knowledge and needed research". Journal of Marketing Research Vol. 14, Iss. 000002; (Mayo) p. 156-168

WEITZ, B. A. (1981) "Effectiveness in sales interactions: A Contingency framework". Journal of Marketing. Winter 1981. Vol. 45 p.85-103

WHITE, R. y JAMES, B. (2003). Manual de outsourcing. Gestión 2000.

ZEYNEP, T. y HARROW, S. (2010) "Mercadona". Harvard Business Review

Diario El Mundo, 8 de noviembre de 2009.

10. Anexos

10. 1. Anexo A: Muestra de profesionales para entrevistas en profundidad

Unidad 1: Edad: 55 Sexo: Varón
Ocupación: Gerente de ventas.

Unidad 2: Edad 27 Sexo: Mujer
Ocupación: Jefa de Equipo.

Unidad 3: Edad: 40 Sexo: Mujer
Ocupación: Directora de cuentas

Unidad 4: Edad: 50 Sexo: Varón
Ocupación: Jefe de equipo.

Unidad 5: Edad: 27 Sexo: Varón
Ocupación: Gestor de ventas.

Unidad 6 Edad: 32 Sexo: Varón
Ocupación: Comercial.

Unidad 7: Edad: 35 Sexo: Mujer
Ocupación: Comercial.

Unidad 8 Edad: 44 Sexo: Varón
Ocupación: Key Account.

10.2. Anexo B: Muestra de consumidores para dinámica de grupo

Unidad 1: Mujer desocupada. Estudiante. Entre 18-22 años.

Unidad 2: Hombre ocupado. Entre 25-40 años.

Unidad 3: Hombre desocupado. Jubilado. Entre 45-55 años.

Unidad 4: Mujer ocupada. Entre 25-35 años.

Unidad 5: Hombre. Estudiante. Entre 18-22 años.

Unidad 6: Mujer. Ama de casa. Entre 45-65 años.

Unidad 7: Hombre jubilado. Entre 45-65 años.

Unidad 8: Hombre ocupado. Entre 25-40 años.

Unidad 9: Hombre ocupado. Entre 25-40 años.

Unidad 10: Mujer. Ama de casa. Entre 45-65 años.

Unidad: 11: Mujer. Ama de casa. Entre 45-65 años.

Unidad: 12: Mujer ocupada. Entre 25-35 años.

10.3. Anexo C: Carta de presentación entrevistas en profundidad

D. XXXXXXXXXXX

Profesional de las ventas

Estimado señor:

En el Grupo Redes de Venta Proactiva estamos realizando un estudio sobre las variables que influyen en el rendimiento de la fuerza de ventas. El objetivo principal es determinar los principales factores que influyen en que el rendimiento de un equipo de ventas sea mayor.

En una primera etapa estamos realizando entrevistas a profesionales de las ventas para conocer su valiosa opinión sobre el tema objeto de estudio. Las respuestas serán tratadas de forma global sin identificación individualizada para garantizar un total anonimato. Su colaboración es muy importante, única e insustituible. Necesitamos sus opiniones y experiencias para poder alcanzar nuestros objetivos y profundizar en el conocimiento de las pautas actuales en el rendimiento de la fuerza de ventas.

Nos gustaría que los resultados sirvieran para destacar la importancia que tienen sus decisiones y estrategias comerciales en el rendimiento de la fuerza de ventas.

Agradeciéndole de antemano su colaboración, que consideramos imprescindible y ofreciéndonos para cualquier aclaración sobre la investigación planteada, reciba un cordial y afectuoso saludo.

Madrid 20 de mayo del 2011

Fdo: F. Javier Fuentes Merino

Director General / CEO

10.4. Anexo D: Guión entrevistas en profundidad a profesionales

1. Validar que los bloques determinantes de variables que influyen en el rendimiento de la fuerza de ventas son los presentados en nuestro modelo:

   1) Las relacionadas con la gestión general de la empresa, cuáles y cómo influyen.

   2) Las que tienen que ver con el entorno

   3) Las variables personales del comercial

   4) La percepción del rol del vendedor sobre sí mismo

   5) Las variables de gestión de los recursos humanos.

   6) Validar que las variables moderadoras del rendimiento de la fuerza de ventas son las presentadas en nuestro modelo: Consumidor, producto, capacidad del comercial, control, capacidad de organización y crecimiento del mercado.

2. Comprender las diferencias entre el enfoque del consumidor, el vendedor y el jefe de equipo comercial, sobre las variables que influyen en el rendimiento de la fuerza de ventas.

3. Determinar qué variables determinantes tienen, a priori, más influencia en el rendimiento de la fuerza de ventas.

- Responder a las siguientes cuestiones:

Opinión sobre si existe una gestión más eficiente del departamento de ventas, éste incrementa su rendimiento. Con más control, mejores herramientas, políticas intensivas en técnicas de RRHH.

Análisis sobre qué entornos económico, tipo de clientes o características de la competencia incrementan el rendimiento de la fuerza de ventas.

Opiniones sobre qué tipo de vendedor consigue mejores resultados.

Cuestionarse sobre si la percepción del vendedor sobre sí mismo influye en sus resultados.

10.5. Anexo E: Guión reuniones de grupo a consumidores

- Productos que estaría dispuesto a comprar sin ir a buscarlos.

- Opinión sobre dónde le gustaría que le vendieran esos productos

- ¿Dónde ha comprado productos que no esperaba comprar últimamente, cuáles han sido?

- ¿Abre la puerta de su casa si sabe que van a venderle un producto?

- Frases o ideas que esperar escuchar del comercial cuando le vende

- Enumerar productos que compraría sin ir a buscarlos.

- Descripción de vendedores a los que no les compraría

- ¿Decide sólo sus compras?

- Enumerar sectores que no tratan bien comercialmente a sus clientes

- Descripción y opinión sobre el vendedor profesional

- Descripción del vendedor ideal

- Descripción de la "venta ideal"

- Ideas sobre la profesionalidad de los vendedores actuales

www.ingramcontent.com/pod-product-compliance
Lightning Source LLC
Chambersburg PA
CBHW051327170526
45166CB00002B/715